生死方方

被遺忘的專業

 梁偉強　劉銳業　馬淑茵　著

推薦序
疫下的死亡與殯葬

死亡是自然定律，然而，大部分人卻會自然地逃避死亡。社會上多數的死亡是出於自然，但病毒使全人類經歷了三年非自然的天災及人道災難。

我們可從傳統及網上媒體中看到很多人在政治、醫學、護理、心理、社福等層面上對疫情作出的分析及批判；但殯儀業在疫情中，同樣面對重大挑戰，卻很少被政府政策及各界關心。所以此書的出版，能彌補外界對殯儀業認知的不足，解開更多誤解及迷思。

回想本港在 2022 年初，剛爆發第五波疫情的 2 月尾至 3 月初期，曾經出現先人遺體在醫院及殮房未有合適地方擺放的情況。當時各前線醫護人員及病人的無力感愈加沉重，先人亦不能好好安息。政府部門及醫管局在準備不足下，使喪親者增加了不少不可彌補的遺憾，殯儀業的內外壓力也百上加斤。

直至 3 月中，食環署陸續加開冷藏貨櫃及火化爐，但仍追不上飽和危機；前線的殯儀從業員、食環署運送遺體的員工、醫院殮房及衛生署公眾殮房的員工等，亦因染疫影

響人手，遺體積存問題對香港公共衛生構成重大風險。從 3 至 5 月份「網上預訂火葬服務系統」可見，食環署火化場由往年每天約 130 至 150 宗火化宗數，增加至每天約 300 至 350 宗。疫情風高浪急，一度出現棺材及各種殯儀物資不足的情況，加上醫療系統出現問題，染疫去世者的遺體得不到應有的處理，公眾殮房爆滿，富山殮房外近 50 個臨時貨櫃內，遺體「層層疊」及變壞腐化的情況令人慘不忍睹。喪親家屬因疫症遭受二次或三次傷害，焦慮情緒難安。

就在 2023 年 1 月農曆新年前，香港社會不幸地再近來了另一波疫情高峰。因為政府在冬季的「死亡旺季」中，突然大幅放寬抗疫政策的管制，老弱人士即時身受其害，死亡率自然再度上升。若以 1 月 28 日（年初七）為例，筆者從一位紓緩醫學專科醫生朋友的分享中得知，當日有 2,019 名新冠確診病人在公立醫院留醫，留醫的確診病人中，有 140 名新增確診病人，922 人需要入住隔離設施，298 人要接受氧氣治療，43 人需要以呼吸機協助呼吸。當時已累積共有 93 名危殆及 89 名嚴重的確診病人留醫，當中 28 名危殆病人正接受深切治療，新增呈報 20 名確

診病人在公立醫院離世。

　　三年抗疫時間中，香港感染新冠病毒而死亡的病人，「表面」數字近 15,000 人，但政界普遍表示不同意仿效 2003 年「非典型肺炎」（「沙士」）疫情結束後，成立獨立調查委員會的做法，指出無須藉此委員會全面檢討港府抗疫表現。甚至，政府以科學為基礎作出評估為由，決定自 2023 年 1 月 30 日起將感染新型冠狀病毒的遺體，風險分類由第二類（即代表較高風險的黃色標籤）下調至第一類（即代表較低風險的藍色標籤），殯儀業對此亦只能被動地見招拆招！

　　筆者在作者成書後受邀執筆寫推薦序時，正值農曆新年前夕殯儀事務及哀傷輔導服務非常忙碌之際，故特別選看了書中第四章「新冠疫情下香港的殯儀業」及第九章「臨終小故事」。我相信，香港的每名死亡服務工作者，一直在疫情中默默耕耘，無論做得好不好、結局好不好，都值得被人有系統地記錄這段歷史，因為所有的生命和基本尊嚴的衡

量，不止於一串串的死亡數字，或表面地討論各持份者的處理是否恰當。何況在世紀疫症下的無常和生離死別，仍需要有人作出紀念及一直反思，藉此機會從死亡和黑暗中找到生命的光輝。

伍桂麟

殯儀社企「一切從簡」創辦人

著名遺體防腐師及遺體修復師

香港十大傑出青年（2019 年）

香港人道年獎得主（2020 年）

寫於 2023 年 2 月

前言

出版目的

　　本書出版目的在於讓大眾一窺神秘的殯儀業，和了解一些鮮為外行人知道的業界操作和潛規則。不少業界新進躊躇滿志，胸懷大計，有人飛黃騰達，盤滿缽滿；也有人鬱鬱不得志，努力拼了幾個月仍然一事無成。有人毫不嫌棄每天跟厭惡噁心的遺體同室工作，非常順利；同時亦有人入行不久便面青唇白，甚至出現焦慮抑鬱，最終放棄最初的掘金夢想，黯然退出。在構思本書之初，最常被提及的問題，就是「你有沒有遇過任何靈異事件？」「你有沒有見過鬼？」若有此目的的讀者，恐怕閱讀本書會令其失望。本書不會談及任何靈異事件，卻會滿滿記載著靈堂及殯儀業奇人異事。只因本書一切經驗分享及所言所述，除學術部分，均以筆者二十多年實際業內操作經驗而著，憑空杜撰、穿鑿附會、人云亦云等並不是本書寫作方針。要以殯儀為題，無可避免涉及宗教、其儀式和背景剖析，但為免陷於宗教爭議，文章對於宗教討論和批判問題將會避重就輕，可免則免。最重要的一點是，本書所述的個案經驗分享只圍繞香港地區，因筆者從未在香港以外從事殯儀業，一切所述宗教儀式、運作、墓園及殯葬使用資料僅限於筆者在香港真實處理過的個案分享。

　　本書寫作的最大特色，是絕大部分內容均是作者親身的工作經驗，而非以傳媒人的角度引述其他人的經驗，或拼湊不同的專訪、真實故事等。如果不甘心任由他人擺佈、坐地起價，本書給你一個絕好的機會認識這個行業，以避免付出高昂費用而使用低質服務。

關於「被遺忘的專業」

·何謂「專業」？

　　專業有三個條件：第一，必須要受過訓練，並不是一般未經訓練過的人就可以手到拿來；第二，必須有系統及受監管；第三，必須要有專業的判斷和專業的道德操守。

　　根據字典，「專業」可解作「與需要特殊培訓或教育的工作有關的學業、職業或知識」。

　　專業人士如飛機工程師、土木工程師、牙醫及建築物料測量師等，必須對其行業有深入的認識，更加要對其專業的範疇有研究和經驗。例如牙醫，在香港，牙醫本來就是醫生，除了一般

醫生職務，更要鑽研對牙科的醫務知識，同時透過實踐和不斷進修，才稱得上專業。

再以牙醫作為例子，牙醫要接受嚴格監管和系統培訓。至於在專業操守和道德品格上，必定有比常人更嚴格的要求，牙醫的專業意見，可以令病人更快痊癒，如果在道德操守上發生問題，那位牙醫或可成為當中得益者，但會導致病人無謂的損失和病情的拖延。這樣說來，作為一名專業人員，道德操守絕對是非常重要的。

·什麼是「被遺忘」？

從來沒有存在過的東西，不是被遺忘，而是被創造。那為什麼會被遺忘呢？認真仔細地說，那不是被遺忘，而是被忽略。每當談到殯儀，大家的焦點都放在靈異、恐怖、不吉利、死亡等，一些細節上的事情被完全忽略，例如基本上沒有人提及這個專業有「空運遺體」，甚至很多人根本不知道有「空運遺體」這回事。

被遺忘的另一個意思，是我們默默耕耘，在這個行業打拼幾十年，一般社會大眾，甚至乎殯儀業界的從業員，卻

從來沒有聽過「空運遺體」這回事。筆者希望透過本書的敘述，令社會知道這個非常冷門而又專業的行業，被遺忘了。

「殯葬物流」—— 跨學界專業議題

在出版此書之前，最重要而又令筆者頭痛的事，就是如何起一個令人一望而知，又可以引起讀者興趣的書名。思索了好一段時間，不斷開會商量、探討，我們終於找到了一個賣點：將物流專業合併殯儀專業中的一個專業，成為跨學界專業議題。筆者之一的梁偉強在物流界及殯儀界兩範疇，已經累積了二十多年的經驗，並且在物流及商業管理學術上擁有相當經驗；另一位作者劉銳業在物流學術界擁有非常豐富的教學經驗，以及經常參與物流業界國際性研究工作，出席多次重要大型國際會議及作專題討論；馬淑茵則在社會工作者專業上有顯著成就，在情緒輔導上尤為著重。

先談談殯儀專業。讀者不難明白殯儀是需要一定的技術和膽量的，同時必須要有同理心、良好的組織能力及溝通技巧，自我情緒控制和投入感必須恰到好處、不慍不火，既要投入又要抽

離，絕對不容易做到。殯儀不難令人聯想到死亡和恐懼、鬼怪和驚嚇，試問每天都在一片哀愁聲中工作，豈能令人身心舒順？一個看似微不足道的出錯，可能造成不可挽救的後果，筆者曾見過業界同事遺失先人證件，結果在殮房苦等三小時，餘下程序都被逼延後，結果令殯儀公司需要額外調配人手，更被客人當面指罵。

至於物流，普遍被誤會為搬運配以陸路運輸、海空運輸。事實上，物流並非那麼簡單，否則就沒有專業可言。在學術而言，物流涵蓋運輸、倉庫、庫存管理、包裝、組織及協調不同部門、客戶與分銷商的採購策略，配合營銷及生產程序。簡單而言，物流可被稱為專業，並非膚淺知識可以駕馭，在大學的商業管理課程中，甚至有專攻物流的學士、碩士以及博士課程。

既然殯儀是專業，物流也是專業，能夠找到一個由兩種專業交匯而成的行業，「殯葬物流」堪稱當之無愧。

「珍惜眼前人」

「珍惜眼前人」經常只淪為一個口號,現實中到底有誰能真正做到呢?心平氣和時可能還可以勉強做到,一旦火遮眼、氣沖沖,又或者涉及利害衝突時,各持己見、各自有所謂原則,可以六親不認,老死不相往來。從事殯葬物流專業二十多年,眼見不少人在至親過世後才後悔不已,又或怪責自己當日的執著,凡此事例重蹈覆轍,不斷發生,在靈堂上懊惱後悔,卻又於事無補。

所謂「死而無憾」可能就是不枉此生,記得一本非常暢銷的英文書 *For One More Day* 的作者 Mitch Albom 寫到,假如在完壽前給你多一天,你會做些什麼去補救一生中的遺憾?這令人猛然思考人生應該做些什麼才能令自己死而無憾;再想深一層,以一天作為極限,只徒生傷悲。在此,筆者聯想到的就只有「讀書該是少年時」這句話,人生苦短,早一日定下目標,早一日策劃人生,這可能就是筆者二十多年殯葬工作的總體體驗。

電影《激戰》中,主角程輝(張家輝飾)的一句對白可能是整齣電影的核心主題:「我唔想熄燈嗰一刻連一件自己值得想回憶嘅事都無。」意思是不想在死前一刻連一件值得回憶的(驕傲

的）行為或作為也沒有，對人生意義的追尋可謂一語道破。

　　每當提及殯葬，一般人只聯想到厭惡、不吉利、靈異、賺大錢等，又有多少人從殯葬中能夠覺悟人生，積極人生，令自己「熄燈」前不帶半點遺憾？這可能就是筆者從事殯葬物流，除了金錢之外最大的回報，甚至改變了自己的人生觀，從對每事非常著緊，變成處事認真但寬容，誠懇但又懂得抽離。

自序一

　　記得筆者人生中第一次參加葬禮 —— 與其說是葬禮，倒不如說是一個儀式吧 —— 就是三歲那一年。當時年幼無知，根本就不懂得什麼是生離死別，更不懂得失去母愛以後的人生將會是吾身之處。那年超級颱風侵襲香港，市面一片凌亂，母親在風雨飄搖中離世，連父親都趕不到醫院送別其最後一程。當時香港的交通網絡在十號風球下完全停頓，而且我們家徒四壁，在得悉母親被鼻咽癌帶走後，父親使勁抑壓心中起伏的哀愁，用有限的資源為亡妻在醫院殮房門口辦葬禮，帶著四名少不更事的孩子向其亡母作最後致敬。這是個極簡單的葬禮，雖然當時的我不知死去的母親如何心懷不捨，如何拼命哀求死神再給她一次機會，但憑當日的零碎片段依稀記得，無知的我麻木地披上孝衣，戴上用白紙摺成的孝服帽子，覺得掛在白色紙條上的一點一點很有趣，更跟姐姐們玩耍。記得在那喪禮中唯一哭出來的一幕，就是被飭令跪在靈前差不多一小時，好不辛苦呢！

　　謹以此書獻給天上的母親。

梁偉強

自序二

　　平生首次完成書寫中文書籍，回想起從組成研究成員、書籍內容、訂定主題及訪談過程，極具挑戰性，增加了本人對求取新知識的渴求。在學術研究方面，本人可以將自己既有的物流知識，應用到殯儀業層面上，創造一個新的跨學術領域的研究，為研究人員、學生及業界帶來新的知識及寶貴的經驗。在編寫書籍過程中，發覺人生的旅途上十分短暫，好像是一粒微塵。殯葬物流業正好助逝者離開塵世時保有尊嚴，為死者家屬減輕煩惱及傷痛。本人向殯儀從業員致以衷心感激。本人再次感謝香港理工大學專業及持續教育學院、聖雅各福群會、毋忘愛、我的妻子、家人、朋友、同事、學生的無限支持及協助。

劉銳業

自序三

　　小時候很怕去靈堂，除了感覺氣溫很冷、氣氛肅穆，更加害怕見到紙紮公仔，覺得很恐怖。靈堂上有很多禁忌，不可以提問題，雖然滿腦子都是疑問。就算是長大後，我對參加喪禮也有著一種莫明的恐懼，盡可能不想出席。不過上天總有其安排，似乎在跟我開玩笑。

　　我愈是害怕，卻偏有一段日子，我的工作愈是要接觸臨終及殯儀服務。例如，我須協助家屬處理亡者的遺容化妝及點算陪葬物品。如果當時我是剛大學畢業，遇上這類工作，必定匆匆辭職離開此工作崗位。不過，隨著歲月的洗禮，人長大了，思想成熟了，心態亦有所改變，覺得必須要克服恐懼。生、老、病、死乃是人生必經階段，要抱平常心。

　　亡者家屬在此艱難時期真的很需要協助，無論心靈抑或處理實質的事務：如揀什麼款式的棺木、壽衣，以至用什麼宗教儀式舉行喪禮、遺產承辦安排等。由起初對臨終及殯儀服務充滿恐懼，到後來陪伴病患者走完其人生最後一段路，協助其家屬處理相關後事，能夠給予他們協助，自己亦覺得安慰，這是非筆墨所能形容的事。

願我們學會珍惜當下，珍惜健康，珍惜眼前人！

馬淑茵

目錄

第一章

殯葬
航空運輸

近年香港移民潮再次湧現，在一片環球經濟下行壓力下，令已經進入冰河時期的香港運輸業帶來一絲喘息機會，移民搬運確實使不少面臨絕境的物流公司生機再現。在舉家移民情況下，安置祖先的需要亦隨之而來，同時帶來骨灰、骨殖及遺體移送的運輸商機。

在香港尋找專業殯葬運輸服務公司殊不容易，一般客人會交託殯儀公司處理。但殯儀公司一般專注在殯葬服務，對空運訂倉、清關手續、文件處理、繁瑣的領事館申請手續及語言對應都有一定困難，由此對殯葬及運輸同樣有專業知識的公司應運而生。要提供百分百準確無誤的服務，必須非常清楚世界地理位置，跟不同航空公司保持良好溝通和關係，對最新航班資料瞭如指掌。在各國採取封關政策的新冠疫情肆虐情況下，香港的防疫政策包括熔斷機制，使航空公司不時更改及取消航班，更甚者是取消航線，航空公司倒閉，多令客人一時無所適從。同時運輸費用亦不斷浮動，在最極端的情況下，有航空公司在兩三天內宣佈將航空貨運運費加價接近十倍，客人根本無能力接受，惟有將原本作土葬的空運遺體改作火葬處理回國。這情況對穆斯林回教徒的影響特別大，因為根據回教教義，盡早安葬和進行土葬是基本要求，火化被視為不敬，但在世界航空業一片混亂下，亦只能被逼以最尊敬的儀式將帶有不敬意味的骨灰空運回國。

　　大家可能從來未聞說過人類遺體竟然可以用航空貨運方式運送。筆者在這個非常冷門的行業服務超過二十多年,所處理的運輸個案多不勝數,主要運輸地有中國、美國、加拿大、澳洲、歐洲、日本、韓國、菲律賓、尼泊爾、巴基斯坦、孟加拉、印度及泰國等國家,亦曾處理過一些大家不太熟悉的國家和地區,例如非洲的突尼西亞、塞內加爾、獅子山共和國,南太平洋小島斐濟群島、法屬波利尼西亞、皮特肯群島等等。

一副已包裝好的棺木放置在航空公司專用卡板上準備付運

1　遺體運送

　　要稱得上「專業」，必須是一般未接受過訓練的人所不能勝任的，而且必須具有特殊技能。首先，大家必須明白殯葬工作並非每一個人都能夠接受，不單工作氣氛陰沉，且每天工作都要在哭哭啼啼的環境下進行。生離死別從來就不怎麼會令人感覺到愉快和輕鬆，每天上班都被棺木、骨灰盅、香燭、紙紮祭品、壽衣、屍床所環繞，更甚者可能要直接面對、接觸和處理不同程度的屍體。有些屍體跟睡夢中的活人分別不大，只像睡著了一樣；但有些屍體則已經發脹、發霉、發黑、滲出血水、有蛆蟲蠕動，甚至肢離破碎，單是這些工作條件已經嚇怕很多「普通人」，不能再從事殯儀業。空運遺體業當中涉及「航空運輸」以及「殯葬處理」兩部分，若非對兩部分皆有相當認識及處理技巧，不能稱為「專業遺體空運」。

　　至於運輸部分，最基本的專業是如何處理文件。在處理文件之前，首先要分清楚死者是否自然死亡，因為非自然死亡必須經過法庭的批准，指示入境事務處下的生死註冊處發出「屍體移離許可證」方可將遺體運離香港。另一方面，如果死者是自然死亡，一般是在醫院死亡的，情況就簡單得多，不需要向法庭申請就可以直接向生死註冊處申請「屍體移離許可證」。除了文件處理，還得掌握準確航班資料，在很多查詢之中，客戶均需要在短時間內確認飛行時間及飛行日期，隨後的一大堆殯葬安排，例如

訂靈堂、靈車、預約領取遺體、安排棺木、通知家屬等工作，就會以預訂好的航班起飛時間作為準則，所以航班安排非常重要，稍有差池便可能發生骨牌式效應，牽連甚大。作為專業的殯葬運輸人員，除了熟悉和掌握準確航班資訊外，亦必須跟航空公司保持非常良好的合作關係，否則舉步維艱。

說到運輸，始發地及目的地、尺碼、重量及物品種類是最基本而又最重要的部分。世界有五大洋、七大洲，要熟悉每個國家和市鎮的地理位置殊不容易，每當收到客戶查詢，準確而快捷地提供報價及航班資料配得上被稱為「專業」的其中一個條件。在現實生活中，香港有數十萬名外地傭工，非正式統計平均每星期都有一位外傭過世，要送回原居地。以菲律賓女傭為例，其原居地可能是大城市馬尼拉、宿霧等，但絕大部分來自小城市甚至鄉村，作為專業人士，我們必須提供最就近其家鄉原居地的機場位置，免得花去大量無謂的運輸成本及時間，最重要的是照顧家屬焦急和無助的心情。

除了航線的安排，重量和尺碼都是非常重要的一環。那麼作為專業運輸物流師，到底怎樣知道死者重量、棺木尺碼和總重量？要了解這一點，筆者先舉一個例子。身型肥胖的人，在其死後可能會流失大量水分和血液。筆者就曾經有過一個非常難忘的經驗：該名死者是位外國人，體重超過一百

公斤，但當日在殮房接收遺體時，身型只似一名纖瘦少女，令人非常錯愕，究其原因是死者受癌魔折騰了好一段日子，其在去世前一年根本不能嚥下一條麵條，見者傷心流淚。相反，一名妙齡少女在赤柱泳灘溺斃，領回遺體時比其正常重量大約多了百分之三十，因屍體在大海中飄浮，不斷吸水，日子愈久情況愈加嚴重，除非曾經被魚類侵襲，否則遺體重量只會不斷增加。既然沒有準則，又不可能安排先行提取遺體量度重量，那麼到底如何預訂航空公司倉位？航空公司又怎樣預留空間和重量？要知道，航班未必是點對點，途中可能要停留一個或以上的接駁機場，未必每一個接駁航班都會使用同一類型的飛機，接載量亦可能有不同限制。在重重困難之下，一名專業空運從業員如何訂位？

對一名剛剛入行的空運員工來說，以上問題確實難以應付，要做到準確無誤地完成訂倉位程序，必須要憑經驗估計，當中分不可估計及可估計兩部分：不可估計部分是死者遺體的重量，但可以憑經驗了解死者生前體重、身型、性別，以及知道死因、死亡日期及出殯日期；可以估計部分就是家屬為先人選定的棺木類型和尺碼，鐵箱或木箱以及陪葬品等總重量和總尺碼。以筆者經驗，最輕的殯葬物流貨物為 130 公斤，最重的超過 800 公斤。可能有讀者會立即提出疑問，究竟為何有這樣大的差別？影響貨物重量的條件大致上最受棺木型號的影響，而非遺體部分。在一般情況下，大部分家屬都會選用欖箱西式棺木；而中式棺木一般都會較重和硬身，保護性非常強，但價錢亦不是一般家庭可以或者願意負擔的（有關棺木款式介紹，參第六章第二節）。

所有航空公司都會接受遺體物流？

　　大部分航空公司都會因為商業及人道理由而接受遺體及骨殖、骨灰等的空運運輸，但必須要符合航空條例、海關及當地政府一些特定要求和限制。不過，亦有少數航空公司會因種種理由不接受殯葬物流，例如航空公司本身不熟悉或不願意處理繁複的程序、受所用機型限制，或曾經有不良好經驗等。筆者偶爾在一些航空業組織的聚會席間跟航空公司高層交談，分享了一個頗為嚴重的負面個案。話說一次由非洲運往亞洲的一副遺體貨物，不知道是因為壓縮機艙空氣壓力還是包裝粗疏，在目的地機場由航班下載至停機坪時，竟然發現有液體流出，包裝木箱甚至爆裂，屍體一隻手臂外露，嚇得地勤人員目瞪口呆，不知所措，自此這家航空公司就拒絕盛載任何有關人類遺骸的貨物。

遺體真的可以送上飛機運輸到外國嗎？

　　在新冠疫情下，筆者曾經處理過別人一生難遇的特別個案 —— 私人飛機運輸。在疫情肆虐全球初期，各國實施嚴厲的防疫政策，以及因航班縮減而導致機位緊張，很多航空公司都暫時拒絕接收此類貨品的付運，或者訂定天價般高的價錢（數以十萬港幣計），拋物線方式拒絕此等服務。客人想盡方法仍然無法解決，最後找出一個可行方案：租用私

人飛機。租用私人飛機運輸的運作跟一般航空公司的處理方法截然不同，首先租機公司會尋找適當的私人租賃飛機公司，飛機公司同意接受後，再開展繁複的航權申請手續；當然，一日未收到費用，一日都不會開始呈交申請。私人飛機公司另有一個比較特別的條件，就是乘客需要繳交特別清潔費用，因在完成整個行動之後，私人飛機租賃公司需要進行徹底清潔及安排特別消毒，可想而知物流費用絕對不會便宜。但好處是客人可以指定始發地及目的地，更可自由安排起飛時間和日期。由於私人飛機通常機型比較細小，不能承載棺木等大型貨物，除非客人願意付出高昂的裝拆座位費用，否則只可以用屍袋包裝而不能用任何棺木或容器運送。

遺體運送

空運遺體──包裝棺木的鐵箱和木箱

空運遺體的程序如何？

很多客人都有一些奇怪的問題：「運送遺體究竟需要多少公斤乾冰？」「需要什麼特別冷藏技術嗎？」「如何防止屍體腐爛？」等。試想想你會有什麼答案？

遺體當然要冷藏，但不是在航機上冷藏，而是在殮房。殮房的雪櫃並非如一般凍肉倉庫的溫度一樣，處於攝氏零下 20℃，而是調校在攝氏 4℃。要知道低溫冷藏會令肉類停止腐爛，但同時會令肉質乾燥、收緊，甚至爆裂，所以殮房雪櫃一般溫度都不會太低，這既可防止遺體腐爛，又可以保存皮膚彈性。

乾冰冷藏屍體

用乾冰冷藏屍體，準備運往美加作長期冷凍處理，目的在於讓屍體維持現狀不會腐化。冷藏屍體技術利用高濃度液態氮提供攝氏零下 180℃ 儲存環境，可以儲存屍體超過一百年而不腐化。要注意的是，乾冰不能跟隨遺體送上飛機。

在處理空運遺體的一般包裝時，會首先在殮房領取遺體，清潔及入殮，將遺體放入棺木，升棺後將棺木放入預先準備好的鐵箱，再把鐵箱燒焊後放入一個五夾板的木箱，用鐵皮拉緊，貼上不同標籤，當中不加入任何乾冰或冷藏用品。

乾冰會釋放二氧化碳，在密封的機艙裏會令人中毒昏迷，故不能跟隨遺體送上飛機。根據世界航空組織 IATA，乾冰被定為第九類（雜項）危險品，受到定量管制，每班航機因應其飛機型號、客機、客貨機、貨機等因素只可以容納一定公斤數量的乾冰貨物。例如空中巴士 A330、A380，波音飛機公司 B777、B767 等均有不同危險品種類和數量的規定。

一名香港人沒有外國國籍，死後在香港並無家人，可運往外國永遠安葬嗎？

原則上遺體被視為貨物而並非旅客，死者的護照和身分證明只用於證明貨物中的屍體就是證件中人，而證件的有效日期及國籍則完全不重要，在日常操作情況下，根本不會有人打開棺木核實屍體身分。有一點值得一提，有小部分國家不一定容許非國民在國內安葬，但國民遺體回國要到所屬國家領事館辦理國籍註銷手續。同時又可以用家人所在地領事館發出的文件作遺產辦理手續。

付運遺體時，航空公司人員在處理這類被譽為不吉祥的貨物，是否需要「利是」？

根據香港《防止賄賂條例》，任何公職人員不能因工作而收受任何金錢利益，此法例規定適用於政府部門人員、大型機構及上市公司僱員，基於此法例，業界朋友基本上不會送上「利是」，取而代之的是有小部分業界朋友會送上普通朱古力給整個部門（而非個別職員），以化解宗教禁忌、衝突和表示好意。

農曆新年期間會停止接受個案處理嗎？

筆者在此肯定地回答：不會有例外。筆者曾經多次在農曆新年期間處理個案。記得一次大年初二的黃昏，筆者在貨運站處理個案之後，便隨即趕往客運站乘飛機往歐洲度假。運輸服務不可能因為個人原因而停止，除非涉及法例限制、航班延誤或取消，否則持續提供服務是必須的。

航空公司人員會否安排遺體頭向前方抑或腳向前方？有什麼陪葬品不能付運？一般鮮花祭品如何處理？

　　航空公司除了對前述的危險品有控制外，對於貴重貨物及其他特殊貨物、牲畜、家禽、容易腐爛物品、食物等，都會緊緊跟隨世界航空協會 IATA 的條例。所謂「貴價貨」的定義是平均貨價每公斤超過一千美元的貨品（未包括運費）。此條例亦適用於遺體運輸，換句話說即所有陪葬品亦不能超越此限。在日常操作上，筆者不建議客戶將貴重物品，尤其珠寶金飾之類作為陪葬品，此舉不但犯例，更可能引人犯罪，非常不智。要避免以上情況發生，通常會對客人表示一切金屬均會令金屬探測器發出警示，後果可能非常嚴重，甚至要開棺檢查，客人自然會聽從指示，不敢貿然冒犯。

一副整裝待發的人類遺體貨運包裝外觀

木箱已經貼上防蟲薰煙記號、「容易破碎」標籤、航空公司提單標籤、收貨人的詳細資料，以及表示先人頭、腳方向的記號。

2　骨殖運送

　　香港地少人多，根據食物環境衛生署的資料顯示，港人殯葬時選擇火化的比例多於百分之九十；假若以土葬方式處理，大致上分永久墓園和六年土葬。六年土葬指在入土六年後就要起骨轉移往金塔段，部分的骨殖因移民潮而導致國外移送需求，這部分正是骨殖運送。

　　通常骨殖會放置在一個二呎乘四呎，高約三呎的鐵箱中，骨殖經過清洗、漂白和還原人體模樣，排列整齊再用特製膠袋密封。送到物流公司貨倉後，職員會將鐵箱用氣泡膠膜包裝，再用膠箱和紙皮盒承載，以黑色膠膜密封及黃色膠帶封好，送到航空公司貨運站。

　　運輸骨殖服務通常由墓園開始。首先，要在所屬墓園申請移離骨殖許可。根據一項不明文規定，墓園都會有一定的認可石廠名單以供選擇，跟石廠溝通及提供相關文件後，家屬簽字授權便可以開始著手籌辦拆墓碑或骨灰龕工作。要注意的是有部分客戶會選擇吉時吉日動工，這點絕不可以輕視，曾經有石廠因為延誤吉時，而需要面對法律訴訟，最後以六位數字金額庭外和解，還得被墓園從指定供應商名中剔除，後果可以非常嚴重。

　　領取骨殖後，骨殖可能會被安排暫存於長生店，每日有香火定期供奉；亦有可能暫存於物流公司指定倉庫，但定時香火則欠奉，唯一好處是節省多一程的本地運輸成本，減少由長生店再轉運至物流公司的成本。物流公司收到骨殖運輸委託後，會先量度骨殖重量。一般骨殖淨重介乎五公斤左右，曾經有一位 98 歲老人家的骨殖，就因只得兩公斤而引起懷疑，物流公司要在得到客戶書面授權下進行人手檢查，以確保沒有人利用物流公司非法承運任何違法物品。自 2021 年初，香港民航處已經實施所有航空貨運物品必須經電子照射 X-ray 檢查，如果寄貨人不是以公司名義寄件或首次登記，物流公司就須進行人手檢查及再送往空運站作光學檢查。

　　包裝骨殖最重要的是防震和不可倒置，防震膠墊、防震泡泡膠、堅硬的外箱和防水膠布亦不可缺少。但如何確保骨殖在貨運時不受擠壓及倒轉？清晰的標籤可以確保所有運輸持份者都清楚知道這不是一般貨物，不但需要小心處理、輕放及不可擠壓，更需要受到尊重。「小心輕放」（Fragile）、「不能倒轉」（No Upside Down）、「人類骨殖貨物」（Human Bones）等標籤必須明顯貼在貨物包裝的四面，以防出錯。

1 貨物包裝

包裝骨殖的鐵箱要用發泡膠或包裝用泡泡膠紙包裝好，外裝紙皮箱加上特定膠箱，包上黑色塑膠薄膜（俗稱保鮮紙），之後打上包裝專用黃色膠帶，確保從十呎高空意外跌落仍然能保護骨殖完整。

2 3 裝載人類骨殖的鐵箱

3　骨灰運送

　　骨灰運送看似非常簡單，但其實魔鬼在於細節，筆者就曾經收到領事館的嚴正指示，所有運送骨灰必須要以石質骨灰盅存放，不能只用火葬場提供的布袋儲存，否則會將殯葬物流公司從指定提供服務名單中剔除。由此可見，包裝物料及運送方法是何其重要。首先要將先人的骨灰袋（通常是紅色）用密封膠袋裝好，之後放在石質造的骨灰盅中，再將骨灰盅用膠袋密封，然後用泡泡膠紙和發泡膠包裝，裝在膠盒內再密封。外層就是紙皮箱和黑色包裝用膠膜，再用一般包裝用的黃色包裝帶包裝好，最後貼上所有的標籤，標籤包括：容易破碎標籤、不能上下倒置標籤、收貨人及寄貨人資料標籤及航空公司的專用提單標籤。

　　殯葬物流的其中一個特點是貨物不能被取代，而且必須受到尊重。且談一般貨品運輸，所有貨物基本上都有商業價值，其價格將會在形式發票（performa invoice）上標示，但殯葬物流則是無價貨物及不可取代的，根本沒有形式發票，或甚至不可以用價格衡量；再者寄貨人（即貨物持有人）只會是家人（個人），而不是一家公司。如果出現人為失誤，其引起的法律訴訟將會是災難性的。作為殯葬物流服務提供者，需要客人先簽署一份免責聲明，免陷入一場持久而方向不明的法律訴訟。

　　在現實例子中，骨灰丟失或破損極少發生，原因是所有殯葬物流均會在航空公司安排下作特別處理、特別指定飛機位置及派專人處理。因為航空公司及殯葬物流公司都明白此等物流需要人性化處理和特別尊重，一切失誤都不會被接納，免得引起社會責任問題。

　　出殯儀式後，如果家屬選擇火葬，遺體會被送到香港六個公眾火葬場的其中一間進行火化，火化後食環署會提供一個紅色布袋，通常以黑色箱頭筆寫上死者姓名以防出錯。殯葬物流公司在接收骨灰之後，會以石材或金屬製造的骨灰盅裝好並加以密封，用寄運骨殖方式包裝，以確保其在十呎高空不慎跌落仍然完好無損。

4 人體器官運送

　　香港法例（第 465 章）《人體器官移植條例》禁止將擬作移植用途的人體器官作商業交易，限制活體人體器官移植和進口人體器官的移植。為免誤墮法網，物流公司對此等託運非常謹慎，一切運送必須有衛生署出口證明，並且對受託人或受託機構有嚴密考量，因為一旦接受了非法委託，將要負上嚴重刑事責任。筆者曾經處理過政府殮房、政府醫院及大學醫學院的委託，但就很少接受私人醫生、醫療機構，尤其是在香港執業西醫名單之外的醫生的委託。

　　人體器官運送大多來自醫學研究用途需要，例如有大學醫學院為研究柏金遜症，而在病患過世兩天內由其法醫官在遺體頭顱骨處動腦部切除手術。由於腦細胞非常容易受到感染和傷害，物流公司必須預先安排所有文件、證件及許可證申請手續，一旦延誤會令整個行動功虧一簣，腦細胞有機會壞死而不能作研究，必須約定好航空公司、本地專車直接送往機場，分秒必爭。其操作程序第一步是準備好適合的盛載容器、視不同器官需要準備純度約 45% 至 75% 的液體福馬林（Formalin，被列為人類致癌物質），再以厚身膠盒密封及保鮮膠膜保護，外面裝鐵箱並即場燒焊封好，直接送到機場空運站，以最高優先價格（Must Ride Priority）上機，而家人亦必須優先在目的機場卸貨及清關。

　　大家可能未免了解航空公司的收貨運費等級，最基本的是集裝貨運，情況等於乘搭巴士，有既定航班而且必須有足夠貨物以建立集裝板；更高成本同時又快捷的方法就是有優先上機權的優先貨，其價格一般是集裝板的兩倍左右，即付剛剛提及的最高優先價格，成本可能是集裝箱的五至六倍。除非飛機因事故不能起飛或航班取消，否則貨物一定能夠上機。

　　根據筆者公司經驗，曾經受委託的人體器官包括血液，如受不同群組感染、帶有愛滋病毒的血液，由香港寄往澳洲做分析。血液會放在冰櫃中冷凍至攝氏負 20℃，用醫療用途膠袋裝好，放在滿佈乾冰的發泡膠箱內，打包砌板整板運往機場。切割肢體作醫學分析是另一大類的人體器官運送需求，如創傷食肉弧菌分析和瞳膜研究等，包裝與真空包裝類似，對貨物的溫度控制非常嚴格，有時更要放入氣溫記錄晶片（clips）以確保從來沒有高於或低於特定溫度。

　　綜合以上四種貨物運輸，大都需要直接接觸殮房、墓園等厭惡工作環境，同時又要萬無一失，分秒必爭，不能在任何一個環節出錯，物流員工除了不怕厭惡工作，更要做事精準不容有失，且擁有高度相關的專業知識，如非滿有熱誠，本著助人為樂之心，不能勝任此職。

5　空運遺體冷知識

航班上的靈異事件

　　坊間曾經流傳過一個鬼故事：有兩位空中服務員在商務客艙招呼一位乘客，該名乘客對兩位空中服務員全程木無表情、不瞅不睬，直至飛機降落之前，客人進了洗手間。礙於飛機規定，在降落期間所有客人必須返回座位，但空中服務員敲了很多次廁所門亦沒有回應。由於時間愈來愈緊逼，空中服務員惟有請經理用鎖匙開門，一開門發現廁所裏面空無一人，連一件物件也沒有留下，大家感到非常驚奇。飛機降落之後，空中服務員們跟機長匯報這個靈異現象，大家都非常不安，覺得一定是遇上了靈異事件，從此這個鬼故事傳遍了整個航空公司上下。讀者聽了這毛骨悚然的靈異故事或會非常不安，更可能會質疑筆者為什麼要在此討論靈異事件。其實討論這些傳說，其中一個目的是希望讀者獨立思考，千萬不要未經思考就相信那些穿鑿附會的鬼故事。

　　每一班航班的機長必定有載貨清單，清單上列明所有特別貨物，例如家禽活畜、化學危險品，甚至是人類遺體等貨物資料。但清單上不可能註明死者的姓名、性別、年齡及任何資料。如果真的要查證，航班機長必須打開夾附在清單下的一大堆文件袋。除了機長以外，一般機艙服務員更不可能知道有什麼特別貨物在飛機上，更何況機長亦不可能有多餘的時間去查證死者

的身分。筆者曾在航空公司任職超過七年，對於航班的操作，尤其對貨運運作方面瞭如指掌，希望各位讀者不要胡亂相信那些穿鑿附會的都市傳聞。在傳說故事中，那些指空中服務員們言之鑿鑿清楚知道航班上遺體的性別、身分、體型等資料，在現實世界中絕對不可能發生。

人類遺體貨物放在飛機的哪一個位置？

　　要回答這個問題，必須要弄清楚每一種型號飛機的貨物安放位置圖，一般民航客機上層為客運使用，下層為貨運用途。但一般的情況下（並不是絕對）人類遺體貨物會被安排放在航空公司專用航機卡板上，而放卡板的地方大多集中在飛機的機頭部分，亦即是在頭等艙和商務客艙的正下方。當乘客正在享受佳餚美酒、優質服務的同時，貨物可能就在你的腳下。當然，空中服務員自己都不會知道其服務的航班中，運載了什麼特別的貨物。

1

2

3

1 2 用透明包裝膠膜包裝好的骨灰

3 骨灰盎包裝

骨灰盎用泡泡膠包好，裝進特定膠盒內，以避免震盪、水浸、外在不明擠壓。

4

5

4 完成包裝後，準備送到航空公司付運
5 遺體完成包裝後，準備送到航空公司付運

第二章

凶宅
清理

　　凶宅是指曾發生非自然死亡個案的住宅單位或非住宅單位，例如謀殺、自殺、屍體發現案等。不要以為凶宅只會發生在一些古老住宅或者中下層住宅區，其實凶宅在香港無處不在，比較轟動的案件就在九龍灣德福花園某一個單位發生。1998 年 7 月 21 日，一名自稱風水專家的男子，被邀請到九龍灣德福花園某個單位住所看風水時，從中知道事主家財豐厚，於是設下佈局將山埃混入礦泉水製成所謂的符水，謀財害命。結果五名事主在屋內被謀殺，從此這個單位便變成香港非常有名的凶宅。

　　謀殺現場單位以其兇殘程度及涉及死者數目作為指標，例如死者的血是否濺滿地上、牆身甚至天花，又或死時是否已經血肉模糊，皮膚是否已經腐化並黏在梳化或地上等等。筆者曾處理過一宗謀殺案（其實當時警方仍然未能確定是謀殺案，只作屍體發現案處理），死者身中多刀，大腿骨頭及內臟都已經露出，雖然筆者當時不在兇案現場，在處理凶宅清理個案前，仍然可以從不同方面的消息知道事件的大概情況，預計到在事發單位內可能出現的大量皮膚組織、肉碎、變黑的血跡塊和非常凌亂的現場環境。

　　自殺現場則視乎屍體被發現時的狀況及事發經過、被發現的時間、涉及死者人數而定。筆者曾經處理過一宗上吊個案，從事主僱主口中得知，死者在事發單位上吊後一星期才被發現，屍體已經完全發黑，引來大量飛蟲、蒼蠅及蛆蟲；並且案發在炎夏，單位氣味之濃烈及現場環境，比想像中更加惡劣。當筆者及

同事進入事發單位時，那條吊在死者脖子上的麻繩仍然在半空中左右搖動，大概是因為公眾殮房的同事沒有將麻繩解下來，只將遺體搬離現場。

根據經驗，自殺案單位中最容易處理的是跳樓，因為死者並非死在自殺單位內，室內不會太凌亂，沒有屍臭的味道，一般只是心理上的陰影而已。心理影響是處理凶宅的一個非常重要因素，一般香港人都認為凶宅是不吉利的，深信有陰魂不散的靈異事件發生，令人感到極之不安，輕則影響文昌升學、家宅平安、夫妻關係、身體健康；重則財產盡失、一生倒楣、家破人亡，甚至家中各人死於非命。

以靈學角度來說，凶宅死者因災劫而不甘含冤而死，冤魂要報仇、找替身以避免陰魂不散，成為孤魂野鬼，又或留戀人間、心有不甘；以自然科學的角度來說，則主要是傳統風俗、文化、宗教和心理影響為主。

1　凶宅清潔工具

　　工欲善其事，必先利其器。在討論清潔凶宅程序之前，首先必須準備完善的工具，方能事半功倍。工具大致有兩種：（一）包裝及運輸工具及（二）清潔工具及清潔劑。

包裝及運輸工具

　　專業的物流運輸業從業員對一般商用手動鏟車及膠卡板一定不陌生，它們在移離大型物件時不可缺少，另外一般在五金店買到的四輪轉向木板車亦非常方便搬移袋裝物件。由於在凶宅現場搬離移出的東西絕大部分附帶濃烈的味道，而且很多鄰居都會視之為不吉利和厭惡，作為一名凶宅清潔處理公司負責人，為兼顧鄰居的感受，員工都會用黑色膠膜（俗稱保鮮紙）包裝所有大型物件，例如床褥、家具、電器等，之後才移離現場。紅白藍膠袋及膠箱亦非常重要，方便裝載一些小型雜物。

　　上文提及「膠卡板」，為什麼指定要用膠造，而不是紙造或木造？原因是紙造或木造的物料非常容易附上現場濃烈的味道，而塑膠造的卡板則不太容易黏附上臭味，但不論如何，卡板均是一次性使用的。塑膠造的卡板在成本上比木造及紙造的卡板高出幾倍。至於使用黑色膠膜而不用透明膠膜，大家都應該知道箇中原因。

1 四輪轉向木板車
2 膠卡板
3 用黑色膠膜包裝可以防止物件暴露於公眾

　　在運輸工具上，選用靈車絕對是不智的。在絕大部分的情況下，業主（可能是事主本身）或其親人都不想讓人知道某個單位發生事故；即使可能已經被大肆報道，但仍然不希望將消息張揚。使用一般運輸公司貨車是最佳選擇，尤其是車身上沒有公司名稱的貨車為最佳。當然貨車必須附有升降台以方便操作。

清潔工具及清潔劑

　　鐵鏟可以幫助處理起跡，鋼絲刷及清潔劑可去除腥臭味及污跡。在清潔機器部分，包括：

　　強力吹風機可以將室內污濁、難聞的空氣抽到室外，高速運行可避免擴散到鄰居窗戶。一般的三速吹風機已經足夠一千呎以內的單位使用，重約 22 公斤，方便攜帶，其最高風速可每分鐘清理 110 立方米空間。

　　冷水高壓清洗機用作清洗牆壁、清洗地板等。配以易按式噴嘴、黃銅氣缸接駁口和缸蓋，以及自動洩氣保護件，確保安全使用。其最高水流量為每小時 600 公升，以氣體壓縮清水強力噴注達到清洗效果。重量只有約 25 公斤，一般員工都可以使用。

　　吸塵吸水機可以同時用作吸塵和吸水，容量 60 公升，每秒

空氣流量 160 公升。為什麼要有吸水功能？香港一般樓宇地板厚度單計混凝土以及鋼筋部分（不包括地台、地磚、天花批灰）的一般厚度是四英寸，而在頂樓部分樓層一般厚度是六英寸，另加上防水層。但非頂層的地板絕大部分都沒有防水層，積聚一定的水分會影響下層鄰居，出現滲漏現象。所以在使用高壓清洗機時必須同時使用吸水機，以防積水。

泡沫清潔劑最常用於火災現場，泡沫粒子在表面迅速擴散，清潔污跡粒子內部，迅速溶解污跡，污跡溶解後隨著泡沫一起揮發。

2　香港有多少間公司專業處理凶宅？

香港的殯儀業有一個潛規則 ——「山頭主義」，河水不犯井水，某些殯儀公司只會在某區的殮房、醫院長期派駐營業代表，向死者家屬兜售生意，提供快捷廉價的套餐服務，其他公司不容易或不可能侵入不同地區。但惟獨凶宅處理的生意廣告卻能在不止一個公眾殮房外貼上 A4 尺碼小廣告。雖然表面上有不同殯葬公司提供凶宅處理服務，但若細心查看，背後其實都只是同一個集團的殯儀公司，由此可見香港凶宅處理的市場不大，提供服務者亦只是寥寥一兩間。由於市場需求不大，故相對提供服務的公司亦選擇不多。在市場學中有所謂的「藍海策略」（blue ocean strategy），在小市場小競爭的藍海市場，價格和利潤相對比較可觀，這個也是吸引筆者公司一直樂意堅持提供服務的原因。另外，能夠在事主面對突如其來的事故、無助的情況下，提供適切協助，其助人帶來的滿足感和客人的一句感謝說話，已經足以令筆者繼續樂意留在這厭惡性的服務業。

其實在香港專注凶宅處理的公司真的不多，但亦沒有正式統計。

一般的清潔公司是不會接受凶宅處理委託的，這與事件性質的獨特性及員工的訓練有關。筆者曾經跟一般清潔公司的代表討論過這個問題，除了禁忌、信仰和衛生問題，員工的家人絕大

部分都反對其參與這些極為厭惡的工作,極端個案之中,有一位員工的妻子甚至提出離婚作交換條件。

在筆者認識的同行中,有些公司已經是殯儀公司,在一般工作程序中員工都會有機會直接處理及觸摸屍體,所以能夠接受這項工作。但又不可以說所有殯儀公司都會接受這些個案處理,主要原因都是大眾認為凶宅是充滿怨氣、陰森的地方,或有刀光、劫難之災等等。另外有些同業行家是出道於紙紮舖、石廠等,本身的工作範圍大致上都和殯儀業有關,才因而入行。在理性的角度去探討,試問一般行業又怎會接觸到殯儀客戶呢?

很多媒介都談到凶宅的靈異事件,這也不難理解,一方面其說服力非常之強,另一方面亦可以勸退一些對靈異事件一知半解的人士入行,減少競爭。正所謂:「信則有,不信則無。」而這句說話亦有另一個意思:「疑心生暗鬼。」每天每刻不斷懷疑一些不可能被證實的東西,心理真的會不平衡。

3　處理出事單位、移離先人個人物品前要注意什麼？

在處理出事單位之前有很多事項需要注意。首先，必須要知道現場大致的情況，例如：是否曾經發生火警？兇殺案？自殺案？跳樓？燒炭？上吊？獨居老人？出事單位是否多於一位死者？屍體什麼時間被食環署屍體處理組人員移離現場？事件是否已經受到廣泛報道令大眾好奇？

處理死者遺物人員通常不會、也不應該正面接觸記者，以保障事主私隱。作為凶宅現場處理人員，必須拒絕接受任何記者訪問，除非是法定人員，否則絕對不能接受查詢及訪問。由於家屬或業主未必願意直接告知凶宅處理公司遺體死因，一來擔心人員拒絕處理，另一方面則可能因情緒問題不願再提。人員最好旁敲側擊，例如：警方是否已經解封現場、解封了多久、來電者跟先人的關係、來電客人是否唯一指定辦事人等等。因為筆者曾經在同一宗凶宅處理個案中有多於一名客人來電作出指示，原來兩位客人跟先人的關係分別是法定妻子和同居女友，而且兩人是敵對關係。究竟應該接受哪位客人的委任，不能單以價格為條件，一般都應以殮房和警方文件為準則。作為受委託公司不應該更不能偏幫任何一方，儘管其中一方聲淚俱下。

1 被政府人員徹底搜查過的單位一片凌亂
2 死者流出的血液凝固成為膠狀薄膜

在接受委託之後，便應該立即了解事件發生細節。由於很多大型屋邨都有管理處，進場之前必須跟管理公司及該樓宇的保安崗位，業主或租客等有良好溝通，減少一切可預測的阻礙。管理公司通常會特別安排在出事單位門口使用抽風機，以減少屍體發出的臭味。基於一般習慣，出事單位門口除了抽風機外，會設臨時的香火香爐拜祭。以筆者經驗，九成半以上的出事單位均是門鎖不完整的，消防員破門入屋後，管理公司只會臨時安裝一把鎖，作短暫封閉所用。香港人一般對出事單位都很抗拒，尤其是業主，他們不想引起鄰居注意，所以凶宅處理公司行事必須低調，因為一旦被人知道這是凶宅，樓價很可能有不同程度的下跌，銀行甚至不提供估價服務，換句話說，如果業主想沽出出事單位，新買家不能做按揭，業主將蒙受重大損失，所以低調行事可給予業主最大保障。

初步查證所有資料之後，就要準備不同的工具。正如上一篇所述，不同情況有不同的處理方法，如出事單位是死於跳樓，根本就不影響室內陳設和有任何實際影響，只是可能會對員工心理產生影響。如果出事單位是燒炭自殺，並且引起小火警，那就複雜得多，筆者曾經處理過同類型單位，屋內一片薰煙焦黑，地板上有一大堆肉碎和皮膚組織，血水混雜著燒傷皮膚的分泌物，一大堆淡紅色的液體凝固。在此情況下必須使用高壓水槍和吸水機，但要注意由於消防員曾經入內處理，很可能有玻璃雜物或一些尖銳物品遺留，故要穿上鋼底及鋼頭工業用水鞋，工業用防爆手套亦不可缺少。

4 進入凶宅前要如何處理？

在絕大部分的凶宅個案中，最先到場的是警察、消防或救護人員。而警察則以軍裝人員最先到達（電視劇集除外），按情況需要大多都會派出刑事偵緝人員到場錄取口供、收集指模和現場證物等。其後食物環境衛生署轄下屍體處理隊會負責處理或搬移發現的屍體。最後就是由業主或事主家人委託的凶宅清理公司清理現場，所以凶宅清理公司人員到場後是不會見到屍體的，反而在現場留下的屍體血跡、排泄物等，可能比屍體味道更加濃烈。

很多人會問進入凶宅前是否要先做三拜儀式，或是否需要講聲：「唔好意思，打擾晒！」正如本書「前言」所言，一切關於個人宗教信仰及禁忌都不屬本書討論範圍，而筆者及其團隊亦從來不會這樣做。但每次進入出事單位前，員工必先手執一紮香（不是三支），目的不因宗教信仰，而是用於消除異味。當然不是每次行動都需要燃香闢除味道，如死者死於跳樓，基本上死亡地點不在單位，便不用燃香。按照過往經驗，暴斃、兇殺、上吊、火災等案件現場通常都會發出惡臭，尤其是在炎熱夏天或一段日子後才發現屍體的案件，其臭味更是難聞。

　　除了以上注意事項，一對厚手套、一對薄手套、保護衣（炎夏時期會令人大汗淋漓）、頭套、鞋套等設備更不可或缺。由於清理現場遺物期間必須跟客戶保持良好溝通，手提電話不可缺少，而且要用手提電話套套好，不然會令你的手機染上一陣莫名其妙的味道。客人大多會要求人員協助拍攝現場，應帶備一部可高清拍攝的手機，以備不時之需。正如前文提及，除運輸唧車、卡板、四輪木板車、膠箱、紅白藍袋和包裝用保鮮紙外，亦需要準備一部專業高壓高溫水槍清洗機和噴霧式消毒機。

處理凶宅的防護套裝，背後是一具已包裝好的遺體

進入凶宅後有什麼東西不可以觸碰？

　　雖然香港仍然未有殯儀業從業員的認可資歷架構，但業界的專業和道德水平之高，往往受客人稱讚。在很多情況下家屬都不願意親身到現場，或只願在事發單位外作視像指示，以免勾起情緒，作為受委託的凶宅處理公司，必須有公司管理職員在現場指揮，確保一切均為家人所願。由於事出突然，很多時案發現場都會有現金或貴重物品遺留，甚至事主錢包丟在地上而執法人員沒有及時看見及處理。為確保事主及其家人的權利以及公司信譽，一切現金、有金錢價值的物品必須以有專業防盜功能的儲物盒盛載，以及透過手提電話視像在委託人面前包裝封好，並拍照作記錄。至於一些可能具紀念價值的東西，則必須得到客人指示才可丟棄，因可能在你眼中的一件小物，對家屬來說意義重大，甚至係家傳之寶。你想為一個似乎不太嚴重的小錯誤而令別人失去家傳之寶嗎？一本相簿、一本書刊，或一個小鐵盒、音樂盒都不能掉以輕心呢！

5　如何應對鄰居的想法？

　　試想想你家附近單位發生事故，你會有何想法？可能你會擔心宗教問題，亦可能擔心樓價受到牽連，如果居住單位有男有女、有老有嫩，將會帶來非常大的困擾和不便。正如之前提及，我們工作行事必須低調，人員應減少對話及避免製造不必要的噪音騷擾鄰居，衣著以莊重素色為主。

　　順帶一提的是，香港人一般習慣認為事故單位市場價值必然下調，但究竟什麼情況下的單位價值最低？其實這個問題沒有標準答案，根據過往經驗及地產公司的意見，在家中自然死亡和沒有流血的案件對樓價影響最小，其次是跳樓個案，有理由相信死者並非在出事單位死亡，而是會在平台或街上受到猛烈衝擊才會死亡，所以會有客戶勉強接受事故單位並沒有發生命案。至於在單位內暴斃、燒炭、服藥自殺等，都會視乎屍體在死後多久才被發現而決定。曾經有一宗個案，外傭在家中上吊，僱主在 14 日旅行之後回家才發現，屍體已經出現大量屍斑、白色蛆蟲和屍蟲，屍體臉龐現瘀紅色，而身體已經發黑並滲出血水和皮膚腫脹的混合液體，整個單位瀰漫著一陣陣肉醬惡臭。受委託公司在屍體移離後三日到現場清理物品，仍然陣陣腐屍惡臭，筆者和團隊雖然見慣世面，仍感難受，一般人根本不可能接受。另外有一宗個案，事主死亡七日後才被發現倒臥在客廳沙發上，屍體移離後一塊塊皮膚組織和瘀黑色血水滿佈沙發表面及木地板夾縫中，多

條蛆蟲蠕動，情況十分惡劣。但作為一間專業的凶宅清理公司，又豈會因這小小挑戰而放棄？

最後說回出事單位的市場價值。最受影響的是屍體很久才被發現，事主直接在單位內死亡，有血跡、有屍斑，甚至有屍蟲出現的情況。不過如果出事單位多於一人死亡，一般以兇殺案或廣受報道的單位最不保值。如 2019 年洪水橋一個住宅單位發生火警，有兩位小朋友不幸遇難，一夜之間家破人亡，業主重新豪華裝修，仍然只可以不足市價五成成交，更要捱足兩年沒有租金收入，對任何一方均不是好事。

凶宅清理有否分旺淡季？

天災人禍沒有指定時間表，意外每時每刻都有可能發生，清理凶宅基本上沒有旺淡季。根據筆者的經驗，冬季死於燒炭自殺的個案比較多，自殺之前，死者大多會服用大量安眠藥，以令自己失去自救能力。夏季自殺個案則以上吊的方式比較普遍，因為一般香港住所設有空調，死者多數會選擇將溫度調冷，免被及時救援。上吊屍體的屍水凝固時，有點像豬紅、果凍等啫喱狀物質。當然，每個人體質有所不同，身型較胖的，屍水會浮著一層油脂狀似的東西，而身型較瘦的皮膚比較容易腐爛，血水味道也比較濃烈。一個有經驗的凶宅處理團隊，從地板上的血跡和單

位凌亂情況，已經能大致估計到死者的情況。

誰人願意處理凶宅？

看看處理凶宅人員的工作待遇，這對你來說會是吸引的嗎？

招聘廣告

誠聘凶宅處理行動組組員，件工計薪金，每小時 800 元，
一般兩至三小時完成，員工最早需要早上 7 點工作，或最
夜晚上 12 點下班，通常一月內工作三天，時間地點不定，
有「柯打」必須報到，不得以任何理由拒絕。

一般凶宅處理員由土工（即件工）或殮房年青力壯員工為
主，大多是兼職。皆因這些工種都已習慣直接處理屍體，對腐屍
或惡臭的抗拒和反感較少。

收拾遺物後如何安排空運回國及儲存？

筆者公司的客戶多是外國人，很多情況下都需要將單位
內的遺物收拾好，空運死者至原來的國家。事故多源於突然死

亡，單位遺物種類繁多，電腦、電器、衣物、書本、首
飾、裝飾品等，重量形狀不一，物品中不乏空運危險品（例
如電腦中的鋰電池）、違禁藥物等，受委託公司必須跟隨
國際航空 IATA 規例處理，方能寄回給亡者的家人。法例
所限，空運貨物必須填寫寄貨人及收貨人，以釐清法律責
任，故客人必須指定一名人士作為寄貨人。但在很多情況
下，死者在香港沒有家人，於是這方面就可能出現很大爭
議。唯一的解決方法就是要委託人出示護照，以私人行李方
式託運，但此舉又會造成額外運費。細心講解和聆聽客人要
求，可以化解很多不必要的誤會。

6　難忘的個案故事分享

手足無措的查詢

　　一個冷冽黃昏，同事都準備下班。辦公室突然響起電話，是一個陌生號碼。對方是一名用英語溝通的女士，語氣急速，帶著不安的情緒。在一連串沒有組織的敘述中，我們好不容易才知道她希望找人處理其前夫的遺物，然後再提供殯葬服務。客戶的前夫在離島某大屋村的住宅過世，因一切來得非常突然，她難以接受事實。好一會兒，她才冷靜下來，明白到必須收拾心情處理亡人的後事，於是便在網上尋找資料協助。終於，她在領事館網站找到一個聲稱能夠提供英語溝通的香港殯葬服務提供者列表，一下子沒有仔細考量，便致電列表上的第一間公司。可是電話被轉駁了接近六、七次，仍然找不到一名可以用英語暢順溝通的營業員，她更加急躁和無助。她非常失望並帶點憤怒，按捺住焦急的心情，仔細檢視列表中有較佳學歷背景的營業員，才找到了筆者的公司，以英語跟營業員盡情敘說其需要。這也是筆者公司第一宗協助非華裔客人處理凶宅的工作。

孤獨老人在家中過世的清理個案

　　這是筆者唯一一次在整個清理過程中，家屬一直身處現場

的個案。家屬非常緊張每一件物件，縱使整個單位雜亂無章。這個案不但令人印象深刻，而且非常有啟發性。委託人是死者的獨生子，現場環境非常惡劣，單位雖然只有二百多呎，但髒亂程度跟垃圾站分別不大，一大堆普通人認為毫無價值的東西塞滿了整個單位，甚至睡床上都堆滿鐵罐、紙皮、膠樽及破爛不堪的電子產品。據委託人透露，死者是一名老婆婆，年輕時勤奮工作，從一個街邊檔經營至有三間店舖。由於老婆婆出生於 1930 年代，學識不多，最終因樓宇買賣而被騙畢生積蓄，最後被迫遷至餘下僅二百呎的單位，與兒子相依為命。直至兒子長大成人、成家立室，礙於居所太狹窄，兒子不得不外遷，而成為獨居老人。但母子的關係非常良好，兒子常常探望母親，並侍奉左右。直至老婆婆出事的那一天，兒子得悉噩耗，悲痛不已。整個清理過程，他堅持跪在地上為母親誦經。出身單親家庭、身為獨生子，他承受許多額外壓力，母親老了，自己亦已另組家庭，需要照顧妻子和兒子；礙於香港居住環境非常狹窄，分開居住無可避免，死者兒子無奈嘆息。另一方面，母親是在晚上突然病發過世的，兒子非常內疚未能見亡母最後一面。

最豪華的凶宅

在芸芸個案之中，最讓筆者難以置信的，是一個二千多呎、位處港島半山區優質地段、面對維港全景的單位，居

然就是被委託清潔的地點。死者是一位二十來歲的年輕少女，本來家境非常富裕，父母均為專業人士，但因為近年香港社會情況有所變異，於是舉家移民外國；其女兒堅持留在香港，家人在無可奈何的情況下只好獨留她一人於香港完成大學課程，並保留其中一個物業供其居住，打算之後才一家團聚。故事就在家人移民之後發生，女兒在沒有家長管教之下誤交損友，並常常跟朋友在家中通宵達旦地吃喝玩樂，甚至吸食可卡因。死者欠缺自制能力，終於難以自拔，發生雙屍命案。原來出事當晚家中曾舉行派對，散場後女兒及幾位朋友繼續可卡因派對，但各人蘇醒之後，驚訝發現事主及其朋友已經吸食過量毒品死亡。眾人作鳥獸散，最終被起訴誤殺。這裏不詳細討論案情，筆者也沒有跟進案件的審判結果。只是，令人感到遺憾、慨嘆的是，一位家境富裕的大好青年，最後落得如此下場。

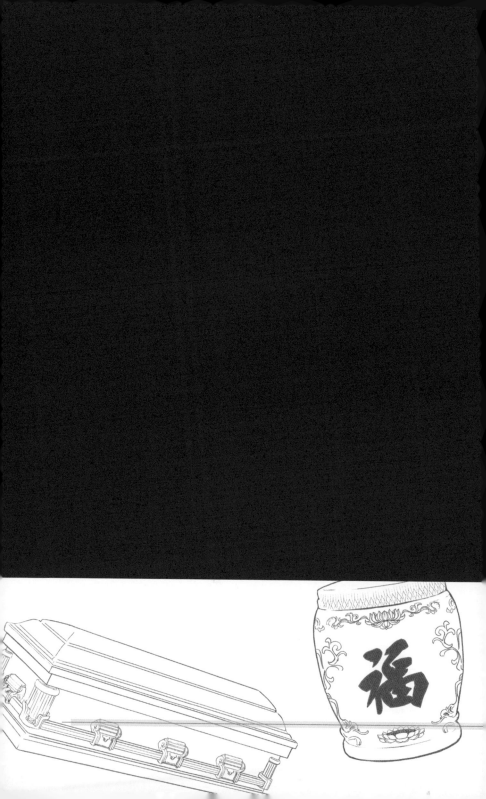

第三章

香港一般
喪葬禮俗

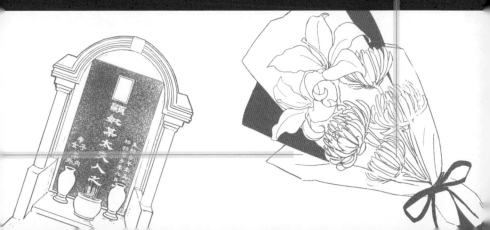

在香港，喪葬儀式大致上可以分為非主流宗教和主流宗教。在宗教儀式中，以道教、佛教、天主教和基督教為主。除此之外，香港亦有不少回教徒，更有專用的回教墳場，當中附設回教廟以處理教徒喪葬事宜。另一方面，非主流宗教儀式則包括摩門教（末世聖徒教會）、祆教（又稱拜火教）、猶太教、神道教、印度教、尼泊爾藏傳佛教及耆那教等。以下是香港目前一般主流喪葬的禮俗流程和一些較為容易忽略的小節。

在香港，與佛教和道教的葬禮相比，基督教、天主教和回教的葬禮比較簡單而莊嚴，沒有非常複雜的程序。道教就最為複雜，並且有很多細節，未必所有人能明白。雖然道教是唯一源自於中國的宗教，其輪迴觀念和多神論亦跟佛教較為相似，但其喪禮的繁複細節需要用較長的篇幅在此討論。本章節在探討香港一般的喪葬禮俗時，以學術材料配合實際見聞，探討喪葬禮俗的異同。

由於討論宗教不是本書的原意，筆者亦盡量避免使用具批判性，甚至攻擊性的用詞；只是每人的意見不同，理解也不同，筆者希望在尊重所有宗教的原則下，盡量做到不會令任何宗教的人士感到冒犯。在構建本章節之前，考慮到筆者不是宗教及文化界專業人員，不能確保每一個用詞及環節均沒有錯漏；但憑著眾多業界友好所提供的寶貴資料，以及在業界工作多年的經驗和見聞，輔以專訪、資料蒐集、拜讀各位大師學術巨著等，再揉合香港實際情況，本章得以寫成。如果在閱讀本章時，讀者感到有所冒犯，筆者先在此致歉。

1 基督教喪葬禮俗

　　「永恆生命」亦即「永生」，是基督教對於死亡的基礎概念。基督教是三一神論（上帝、聖子耶穌、聖靈合一），除了主以外沒有其他神，人死後不能成神、成仙，跟佛教、道教完全不同。正如大家所知，《聖經》是基督教的基礎經典，《聖經》中寫「叫一切信他的都得永生」（〈約翰福音〉3:15），基督徒相信，信主的人不害怕面對死亡，因為人死後只是「回天家」，返回天上的家庭而已。基督教的葬禮不會太憂傷難過，因為眾人認為逝者是在天堂與神同在。

　　「論到睡了的人，我們不願意弟兄們不知道，恐怕你們憂傷，像那些沒有指望的人一樣。我們若信耶穌死而復活了，那已經在耶穌裏睡了的人，神也必將他與耶穌一同帶來。」（〈帖撒羅尼迦前書〉4:13–18）

基督教一般喪葬儀式

　　如果逝者信奉基督教，家人會首先通知所屬教會、堂區傳道人或牧師，安排詩歌班、司琴等；教會亦會協助安排逝者於殯儀館、靈堂或聖堂等場地進行安息禮拜儀式。儀式會透過追思逝者生前的好事與美德，思考生命的終

結，以及安慰和鼓勵其在世親人。入殮儀式舉行時，眾人在牧師及傳道人帶領下祈禱、唱詩及讀經。入殮禮完成後，牧師隨即引領靈柩到靈堂。接著舉行安息禮拜，內容有宣召、唱詩、祈禱、讀經、獻詩、追思逝者生平、慰勉、致謝報告、祝福、瞻仰遺容。唱聖詩是為了安撫死者的家人和朋友情緒，牧師分享訊息是為幫助出席的親人明白永生的盼望。基督徒對死亡的看法是積極的，是以信心和永生的盼望作基礎。《聖經》形容在主內過世的人，只是有如睡著一般，他們的靈魂回歸到上帝的身邊 —— 生命的源頭。所以基督教稱喪禮為安息禮拜，因為死者安息了，回到上帝的身邊。

在香港，一般的基督教葬禮都會製作介紹逝者生平的小冊子，同時加上其相片，敘述逝者生平的功績甚至是趣聞逸事。一般小冊子內容都會載有聖詩，《耶和華是愛》、《奇異恩典》是較經常出現的。

耶和華是愛

耶和華是愛，讓我安身青草溪水邊，

神令我省察心中的幽暗，共同渡每一天。

耶和華是愛，在困境中祂保守引牽，

神為我擺設豐足的恩惠，在危難也不會變。

在世間主恩與共，祂的愛存在常無盡，

神為我施恩惠，保守勉勵，共同渡此世。

耶和華是愛，讓我安身青草溪水邊，

無限滿足快樂湧於心裏，在危難也不會變。

奇異恩典

奇異恩典，何等甘甜，我罪已得赦免；

前我失喪，今被尋回，瞎眼今得看見。

如此恩典，使我敬畏，使我心得安慰；

初信之時，即蒙恩惠，真是何等寶貴！

許多危險，試煉、網羅，我已安然經過；

靠主恩典，安全不怕，更引導我歸家。

以下是一段經常在喪禮中被廣泛採用的《聖經》經文：「耶和華是我的牧者，我必不致缺乏。祂使我躺臥在青草地上，領我在可安歇的水邊。使我的靈魂甦醒，為自己的名引導我走義路。我雖然行過死蔭的幽谷，也不怕遭害，因為祢與我同在；祢的杖、祢的竿，都安慰我。在我敵人面前，祢

為我擺設筵席；祢用油膏了我的頭，使我的福杯滿溢。我一生一世必有恩惠慈愛隨著我。」（〈詩篇〉23:1–6）

　　靈堂上普遍用下列橫匾文字作紀念語：息勞歸主、主懷安息、與主偕行、與主永偕、永遠懷念、安息主懷、在主懷抱、睡主懷中。

靈堂上的橫匾文字

2 天主教喪葬禮俗

天主教認為人活在世上只是一個短暫旅程,所謂寄居世上,活著是為了永生而作的預備,永生才是終極目標。整個人生旅程對於天主教信徒而言,是為了獲得救贖,救贖是從罪惡中得到解脫,獲得上主賜予的永生,從罪與死亡中解放出來。故此,死亡觀念對於天主教信徒來說,是邁向天國之路的一個必經過程。由於人背負原罪之故,使人與天主之間產生了隔閡而無法獲得救恩。按天主教信仰理解,人類最終能獲得救贖,是基於主耶穌基督無條件的愛,以自己的生命為人贖罪,才使人類能夠與天主重新建立關係,獲得永生。天主教相信死後世界的存在。天堂、地獄和煉獄是天主教信仰中人死後的三個階段。人死後會經過審判決定前往天堂還是地獄,煉獄只是暫時所處之地。

天主教的基礎理念跟基督教有點相似,認為生命是永恆的存在,跟無神論「人死後便煙消雲散」的理念,完全不同。死亡其實是永生的開始,只要相信主,靈魂就必能得到救贖進入天堂。天主教、基督教、佛教和道教都認為靈魂不滅,但天主教並沒有輪迴轉世觀念,死後靈魂將等待最後審判,天堂和地獄的概念是死後須面對的必然結果。天主教認為人的生命來自天主。當人死亡後,信徒靈魂就會進入天國,回到天主的懷抱;並且認為人的靈魂有永生的種子,將

來會重生發芽，所以天主教基本上鼓勵採用土葬，惟因香港土地
有限的現實情況，已容許教徒火葬。

天主教一般喪葬儀式

堂區神職人員獲通知後，會聯同堂區秘書、堂區職員及堂
區「善別小組」，協助亡者家屬籌備葬禮，並給予牧民關顧。天
主教徒可選擇土葬或火葬，惟骨灰不可以撒於空中、大地及海
中，不可用其他方式撒灰，甚或保存於家中、製成飾物等，因
為生命來自聖神，同為一體，人的靈魂有永生，不能將骨灰胡
亂處理。

亡者家屬應先與主禮司鐸、執事，或堂區「善別小組」溝
通，才決定合適的葬禮日期及時間。有關殯葬禮的籌備和舉
行，必須尊重亡者及顧及亡者家屬的感受和合理意願，例如葬禮
的方式、選經，並可因應死者在生時與各人關係而邀請指定讀經
員，及負責獻禮人士等等，最終共同決定殯葬禮舉行地點、日
期、時間、嘉賓名單等。

堂區聖堂既是教會的家，上天之門，堂區主任司鐸可按
牧民需要及實際情況，批准亡者靈柩放置在堂區聖堂舉行殯葬
禮，包括殯葬彌撒。其他可舉行殯葬禮的地點，包括天主教墳場
小堂、殯儀館或火葬場的禮堂。另外如果在殯儀館舉行殯葬儀

式，可以選擇在葬禮之後再在聖堂補辦殯葬彌撒，或直接在殯儀館進行殯葬彌撒及逾越聖祭。殯葬禮讀經、禱文及儀式，須按照《基督徒殯葬禮典》（*Ordo Exsequiarum*）及香港教區《天主教殯葬禮儀》（1999）進行。

安魂彌撒（Requiem Mass）是指天主教會為悼念逝者舉行的彌撒，現多稱為殯葬彌撒。彌撒除了用作葬禮儀式，也是每年 11 月的諸靈節禮儀的一部分。天主教徒相信，為逝者舉行彌撒，可縮短他們在煉獄的日子，令他們更早進入天國。

安魂曲（Requiem），又稱鎮魂曲。其所用的經文，有些也為一般彌撒所用，有些則專為安魂所用。

舉行天主教殯葬儀式包括：守靈祈禱、致候、祈禱、聖道禮儀、讀經、答唱詠、禱詞、祝禱。入殮時則會順序致候、辭靈灑聖水禮、祈禱、祝禱。

歌詠／諸聖禱文、辭靈禱文等等的儀式內容，會跟據家人意願或教會內的指引會有所調整。

「諸聖禱文」的歌詞可大概分為三大部分：一，祈求天主聖三的仁慈與垂憐，同時，也呼求聖母、天上眾天使，以及諸位宗徒與聖人為逝者轉求；二，祈求天主拯救我們脫離

各種的邪惡與罪過；三，向天主哀求的團體祈禱意向與內容。

　　靈堂上普遍用下列橫匾文字作紀念語：蒙主寵召、永遠懷念、榮歸天家、安然見主、魂歸天國、永光照之、天國永生、榮歸天國、蒙主恩加。

1 2 天主教喪禮彌撒

3　佛教喪葬禮俗

按照佛教的生命觀點，人和其他六道眾生一樣，沉淪於苦劫災難之中，不斷經歷生死輪迴，惟有斷除無明的人方能離開三界，不需要再輪迴。佛教徒修習佛法的目的，即在於追隨並實踐佛陀所覺悟的四聖諦，看透生命和宇宙的真相，斷盡一切煩惱，最終超越生老病死和所有苦厄，結束六道輪迴，得到究極解脫，進入涅槃的境界。

輪迴理論中有六道：「三善道」有阿修羅道（魔神）、人道、天道（天人）；「三惡道」有地獄道、餓鬼道、畜生道。所謂六道中眾生，輪轉四生（胎生、卵生、濕生、化生），循環三界，互相通達，故名為「道」。

「無明」，又叫做「無明支」，即煩惱的意思，為十二因緣之首位，一切從苦之根源。亦即不達、不解、不了等愚癡行為及思想。

涅槃即將人世間所有一切法的自體性都滅盡的狀態，所以涅槃中永遠沒有生命中的種種煩惱、痛苦。一般用涅槃表示肉身死亡後，進入不生不滅的狀態。

佛教一般喪葬儀式

佛教葬儀必須有誦經、唸佛等佛事。出家人只管誦經，卻不是葬儀的主持；因為葬儀中的家祭、公祭等儀式，均委任葬儀社派人司禮。

正確的佛教葬儀，除了司禮者之外，主體應該是出家的法師為亡者誦經。參與的大眾，均應每人手持一冊佛經跟著持誦。持誦的內容，最好是簡短的經文及偈頌，《心經》、《往生咒》、《讚佛偈》、《佛號》、《迴向偈》等為最常見的經文，不可唱，只能誦。然後由法師簡單地介紹亡者的生平及其為善、利人、學佛等的功德，並度化亡者超生淨土佛國。

佛教的葬儀應該簡單、莊嚴，不能談笑風生、嬉戲說笑，時間最多一個半小時。中西樂隊或儀仗等場面都是虛榮的鋪張，不應進行，此舉會擾亂亡者一心求生佛國淨土。死者彌留之際，及命終後應予以沐浴、更衣，逝去 12 小時之後移動遺體，立即設靈位、伴靈、納棺、出葬、埋葬、做七，乃至百日。

對於佛教徒遺體的處理，只有坐龕、坐缸和火葬、土葬的不同。如果遺體坐龕，則採坐龕火化，只有封龕及舉火的儀式。如果遺體坐缸，則有封缸土葬的儀式；如果遺體臥

棺，則有封棺的儀式，封棺以後，有土葬及火葬兩種，若選擇火葬，則將骨灰盅置於寺院或墓場的塔中，亦可以將骨灰盅埋於地下墓中。佛教徒可以選擇火葬或土葬，不論是火葬或土葬，凡有儀式，均以唸佛、誦經、迴向代替由家屬輪番舉哀及哭泣，嚎啕大哭打擾亡靈絕對不適宜。

正如前述，佛教的葬儀宜力求簡單、莊重。在喪葬期間不容許殺生、以葷腥招待親友，更不可以用酒肉葷腥來祭祀亡者，應以純素食招待前來弔祭的親友，或以豆腐類的食物為主。靈前則以鮮花、蔬果、素食供養。花籃、花圈、輓幛，亦當適可而止；除喪家和代表性的親友致送花籃以及數幅輓聯、輓額以表示悼念之外，不需要大事鋪張。如果親友致送奠儀，除了支付喪禮費用，餘額應該悉數用作供奉三寶、弘法利生及公益慈善等的用途，將此功德迴向亡者，超生離苦，蓮品高昇。在靈堂一面弔哀，一面交際應酬、談話乃至打麻將，是香港佛教喪禮的常犯錯誤，殊不尊敬。

布施非常重要，以福利施予人，以財施、法施、無畏施為核心理念，也就是施予財物、飲食乃至佛法為本義。意即為了幫助一切眾生，將自己所擁有的財物或法給予眾生。

佛教儀式舉行葬禮是為亡者說法、誦經、唸佛，和尚高僧會頌唸《三時經》、《地藏經》等。將佛力過渡亡者，以引導亡者投胎轉世。

靈堂上普遍用下列橫匾文字作紀念語：高登蓮品、功德圓滿、澤在人間、悲願宏深、乘願再來、花開見佛、淨土可期、往生蓮邦、往生極樂、超生極樂、九品蓮登、乘願再來、往生西方、接引西方、神歸極樂、神歸安養、神歸淨土、神歸樂國、神歸淨域、往生樂土、土歸寂光、果證菩提、念佛往生、蛻然西歸、往生淨土、往生佛國、華開見佛、化生蓮邦。

儀式程序細節

· 臨終助念

佛教理念認為一切的生與死都是因緣而生，因緣而滅。當親人臨終時，無須過分哀傷痛哭。應保持安靜，不哭泣或拉扯臨終者，讓臨終者心無掛礙，平靜離開人世。若是一心向佛，自是得以往生佛國靜上。助念就是幫助往生者堅定信念，在其彌留之際，家屬應虔敬助念。待遺體冰冷後再移至殯儀館冷藏安置。佛教沒有陰間觀念，故無「燒魂轎」、「腳尾飯」或「腳尾燈」，也不誦「腳尾經」。

· 豎靈

「豎靈」即為死者設立靈位。佛教不認為人須以「招魂幡」招其亡魂，仍以「世間法」來看待，並為亡者立一「魂帛」（牌位、靈位）。惟佛教不認同陰間一事，因此沒有燒

銀紙錢的情況，也無早晚拜飯，僅以鮮花素果供奉。

・做七與法會

佛教認為人死後的靈識是在「中陰身」階段，會在七七四十九天內轉世輪迴。因此在傳統佛教葬儀裏，「做七」和「法會」是大事，都是幫助亡者消業積德。在守喪期間，早晚誦經。或聘請法師引領誦唸佛經，而不一定要舉行「做七」或「法會」。

・入殮

佛教雖認為人死後的遺體只是「臭皮囊」，但仍會以恭敬之心對待。遺體在沐浴、更衣、化妝後移置棺木入殮，但沒有五層或七層壽衣問題。棺內也不放一般傳統的「隨身庫」或「過山褲」等棺內物品。

・出殯與告別式

佛教在遺體出殯前仍舉行的奠祭儀式與傳統喪禮相同，先由子孫，後按與死者親疏關係之宗親、姻親先後奠祭，是為家祭（奠）。家祭後由死者朋友、賓客拈香弔祭，是為公祭。

・火化、安葬、晉塔

火葬習俗是佛教傳入，火葬則是在火葬場進行；土葬則在墓園進行。火葬後骨灰以骨灰盅儲存，陳放於骨灰龕場。

· 安靈

佛教認為人死後七七四十九日內即轉世輪迴，因此無須有「安靈」、「上位」的祭拜做法。但目前香港因應家屬與亡者的情感寄託，而仍然有「安靈」、「上位」做法，當然此舉亦可令殯儀公司增加收入。

· 百日、對年、三年、合爐

佛教只視「百日」、「對年」、「三年」和「合爐」是親人死亡的重要日期，純為家屬私事，不適宜辦祭祀禮儀。

· 慎終追遠

每年清明、重陽、忌日，掃墓祭拜、追悼。

4　道教喪葬禮俗

　　道教乃中國本土性宗教，其宗旨在經由修煉而長生久視，羽化成仙，其教理、教義和修煉方法都具有鮮明的華夏文化及中華民族特色。道教思想極為複雜，其中深信方術及巫術，創照修身養性的方法，據說能使人長生不老。在道教的神仙理論世界中，道德楷模、英雄模範例子，乘鶴西去彼岸長生不息。在肉體而言長生永道、超出生死、形神合道、氣命雙修。

　　另一方面，由於道教是中國本土宗教，當中融入了仁與孝的儒家精神，構成了中國傳統喪葬禮俗的基調。「仁」作為儒學核心理念，結合時代需要演化為「仁德」、「仁愛」以及「仁政」，意思是完美個人修養品德、理想的完美人際關係和完善的政治統治系統。「孝」作為孔子思想的另一個核心概念，同時又融匯了仁德、仁愛和仁政。以家國為本的中國華人社會，乃至香港華洋雜處文化，其基礎單位就是家庭，孝的觀念、行為和評價在同群聚信生活文化中位置甚高，於是作為最高價值來追求「仁」和「孝」。

　　孝道在儒家思想影響之下的中國文化傳統中至最重要，《論語・學而篇》「生則盡孝，死則盡禮」具體地說明「孝」之道。在孔孟之說而言，對逝者死後的禮俗非常重視，以示敬拜之意。

出殯前的禮俗守規

・送終

「送終」是指在死者臨終時，通知子孫親友齊集死者床前送別死者離世，一般而言都是在醫院進行。當然未必每個個案都能夠及時通知親友送別死者。如果能夠及時通知親友，「送終」是必須進行的；若果真的不能趕及「送終」，那麼在喪禮中將會有一個簡短的儀式以作「送終」。在現實生活中，超過三成的彌留病人都會預感到自己不久於世，對家人作出最後的遺願囑咐和對後輩作出指示。

・壽終正寢

「壽終正寢」，是指先人離世後必須遵守一定的處理程序和步驟。先人離世後，家人須將其遺體處理及清潔乾淨，穿上壽衣，將之抬出住房，抬出住房時必須頭部先出，腳部住後。由於目前香港能夠做到在家祭祀或在村口祭祀的地方非常有限，而且法例規定屍體必須照既定程序處理，否則便觸犯刑事法例，加上「非法處理屍體」是一項非常嚴重的刑事罪行，所以實際上「壽終正寢」的儀式已經不復存在。目前一般醫院已經盡量做到人性化，不會如上世紀七、八十年代般馬上將死者搬離病床，通常都會容許 30 至 60 分鐘的屍體停留時間，以便家屬趕及「送終」。所以「壽終正寢」的儀式也算能在醫院病房簡單進行。

• 遮神

「遮神」，指當得知先人過身的噩耗，一般佛道教徒會將放在家中的祖先靈位，及諸位神佛供奉靈台用紅紙覆蓋，以免先人回魂之夜不能入屋。

• 招魂

部分佛教、道教信徒家庭會安排「招魂」儀式。儀式通常在殯儀館進行，將油燈放於死者腳邊以作長明燈，同時放置一碗鴨蛋白飯，在白飯上插上筷子，並燃點一支長香用以引領亡魂歸來。亦有家庭安排在門口屋外燃一支長香，並點上一支長白色蠟燭以作招魂。但這儀式並不能應用於意外死亡、自殺或謀殺等個案。若死者是意外身故或自殺，家屬都會請法師、道士在案發現場作「路祭」招魂，以免先人陰魂不散，使其永登極樂淨

道教喪葬儀式

土。親友會帶備祭品，到意外現場祭祀，並由道長以生雞引其亡魂，帶回家中。由於目前法例所限，不能攜帶活雞在街上走動，活雞已被禁止使用。儀式通常會用先人衣服代替，同時準備剪刀、木尺和一面鏡子作路祭。如果屍體未能尋回，例如是溺斃，則會以拋西瓜的儀式祈求上蒼早日將其遺體送回。

·戴孝

在 1960 年代以前的香港，每當見到有男士穿著麻衣、腳踏芒鞋，胸前掛上黑布條，或女士披上白色頭巾，頭上戴以顏色冷線製作的小花頭飾（孝花），身穿全套白色素服及白毛鞋，即表示有喪事在身。但時至今日，因為大多數人不想張揚自己家中有喪事，以免令身邊同事、友人不安，這個傳統已經完全改變。現時，以上裝束只會在靈堂見到，而且是「即日穿，即日脫」（又稱上服、脫服），這個就是「成服戴孝」。女士戴孝花有規有矩，第一是必須夾在頭髮的右邊，絕對不能夾在左邊，而且有顏色之分：

白色孝花	代表是先人的妻子、女兒、姊妹或媳婦（即一般香港人稱之為的「新抱」）。
藍色孝花	代表是先人的內孫。
綠色孝花	代表是先人的外孫。
紅色孝花	代表是先人的曾孫、玄孫等晚輩。亦代表死去的先人兒孫滿堂，福壽雙全。

‧ 寄靈

　　廣東籍貫的不同鄉村亦有不同的規矩，例如某些鄉村（新會）必須同時附夾紅繩及柏葉。如遇上戴孝花女士正懷孕或來月經，就將孝花放於先人靈位，稱之為「寄靈」。但今時今日，大多數人都選擇即日戴孝即日脫孝，並且即場火化，所以「寄靈」早已在業界消失，在千禧年之後的入職殯儀工作人員，甚至可能未聽過什麼叫做「寄靈」。

　　設靈位需要在進行喪事之前辦理，在家中設置臨時靈位予先人，每天早上供奉香燭、準備一盆水以供先人洗面，並早晚供奉先人喜愛的食物及上香請先人「開飯」。這個設靈位儀式安排，一般都在「上位」後便移至骨灰龕位或墓地打理，家中靈位由法師或道士協助誦經遷移，先人亦可能被安排上神枱或宗廟，繼續定期拜祭。

‧ 睇板

　　「睇板」又稱「買板」，有時候稱「買壽」。棺木價錢有平有貴，每個家庭的負擔能力都不一樣，而且土葬跟火葬的選料亦非常不同，一般火葬以西式棺木為主，土葬則以中式棺木為主。現今香港社會亦開始流行環保紙棺木，但價錢並非最便宜。2022年，香港市場上的棺木價錢由港幣三千至三百萬不等。筆者就曾見過有殯儀業營業員處理一單中式柚木大八底配以七星板的棺木銷售，以港幣 250 萬賣出，所以「睇板」對殯儀業營業員來說是一個非常重要的環節，若果碰上了「豪客」，已經可以勝過別

人一年的銷售額。接著就是「擇日」，即以主家各人時辰八字，配合相沖相剋，再配對實際各項條件如殯儀館的靈堂租用時段，來決定喪禮日期。「擇地」一般會請風水師父為先人選好風水吉穴，定好落葬時間。對篤信風水的人來說，出售墓穴、選擇墓園不但對後人財運影響至大，更會影響到夫妻和睦、家宅平安、子孫加官晉爵、健康長壽。同時對於殯儀業營業員來說，若能言善道、懂得捕捉客人心理、有足夠的銷售技巧等，亦可能在此銷售環節中大賺一筆。曾有一位同業在一單喪事中，賺取了港幣七位數字收入，毫不遜於其他行業的專業人士。

裝裱棺木內部，業界術語稱為「梳化」。通常梳化以金黃色（中式）和白色（西式）為主，亦有紅色、珍珠色、粉紅色、香檳金色；甚至可以是藍色、紫色和米白色天鵝絨等，但不常見，通常需要訂造。如果偶然經過紅磡一帶，不難見到殯儀公司直屬的土工在店內用電動釘書機將布料釘在棺木內，這部分工作說難不難，說易不易，因布料大多以絹布為主，容易扯破，偶有不慎便損耗人力物力。

• 發訃聞

隨著時代轉變，智能電話及其應用程式非常普遍，在千禧年以前要動輒花上三幾千元在報紙刊登「訃聞通告」，被今天的 WhatsApp、智能電話程式取代。新的通訊方式可以準確得知接收人是否已經閱讀其訊息，亦能得到即時回

應。訃聞通常都要在喪禮前的兩至四星期發放，以便客人預留出席時間。發出「訃聞」又稱「報喪」。報喪不僅是一種形式上的禮儀，更是眾人和死者親屬一起分擔悲痛的做法。跟大家分享一些與報喪有關的有趣資料。在民間，常有人罵那些行色匆匆趕路的人是報喪，因為根據報喪習俗，報喪的人必須來去匆匆，不進入人家的大門，只會在門外高聲喊叫。報過喪以後，討一口水，漱去不祥，然後馬上離開。

書寫訃聞有不少注意事項。先人的死亡日期以西曆及農曆並列，然後有出生日期、家祭或公祭、事發時間、死因、出殯日期、時間、地點及所選宗教儀式等資料。下款為各直系親屬、姓名、與先人關係、報喪日期等。

至於年齡，傳統上死者年齡愈長，被視為愈有福氣，訃聞記載會以虛歲為主，30 歲以下稱「得年」，31 到 60 歲者稱「享年」，61 到 90 歲稱「享壽」，91 到 100 歲稱「享耆壽」，101 歲以上稱「享嵩壽」。

如果以郵遞方式發訃聞，收件者職銜、稱謂、姓名應整齊書寫於框內，並使用黑色筆書寫。稱謂必須為「先生」、「女士」，不可同時寫「先生　夫人」或「伉儷」等。職務與頭銜可直接寫出，字體必須以同樣大小呈現，不可姓大名小、姓名大頭銜小等，例如「地區政務處高級執行長官陳大文太平紳士」。訃聞收件處不寫「收」、「啟」，收件人地址不高於人名，喪宅地址要比收件人低。

訃聞需於出殯前兩至四星期寄出，亦要確定收件人在出殯日前三至五天內可收到，應該採用掛號郵寄、親送或委託專人派送。

以下是寫訃聞時的專有名詞：

。**顯考：**子女對父親的尊稱，較謙虛或對外人可稱先父、先嚴，不可稱「故考」，因為「考」意即為死去的父親，如再加上「故」會變成「死去的死去的父親」。

。**顯妣：**子女對母親的尊稱，較謙虛或對外人可稱先母、先慈，不可稱「故妣」，因為「妣」意即為死去的母親，如再加上「故」會變成「死去的死去的母親」。

。**公：**對年長男性的尊稱，通常連接在姓氏後方，如文公吉祥。

。**母：**對年長已婚女性的尊稱，通常連接在夫姓後方，如李門嚴母劍和夫人。

。**諱：**加在已故男性長輩名字前面的字，因為晚輩不能直呼長輩名字，便在書寫其名時加入諱以示尊重，如文公諱名吉祥。

◦ **閨名**：與男性名字前「諱」字用法相似，加在已故女性名字前面，以表對亡者的尊重，如嚴母李夫人閨名劍和。

◦ **夫人**：已故已婚女性，加在女性本姓之後，表達敬意的尊稱。

◦ **孺人**：已故已婚年長女性，加在女性本姓之後，如嚴母嚴太孺人。

◦ **府君**：府為對他人住家或家人的尊稱，如府上、尊府。府君原指官人之家，對於宅主身分的往生者可用此尊稱。

◦ **護喪妻、未亡人**：古禮夫歿妻自稱「未亡人」，現代感於未亡人有性別歧視之嫌，大多改稱「妻」、「護喪妻」。

◦ **反服父、反服母**：父母健在，而子女先亡，父母的自稱。

◦ **不杖期夫**：妻亡，父、母尚有一人健在，夫自稱。

◦ **杖期夫**：妻亡，父母皆亡，夫自稱。

◦ **護喪夫**：妻亡，現代社會無論夫之父母是否健在，夫常用自稱。

◦**承重孫、承重曾孫**：當事人本身及其父皆為嫡長，而父先亡，於祖父母去世時，當事人需承受喪祭與宗廟之重任。

◦**族繁不及備載**：死者家族繁衍茂盛子孫眾多，人數過多難免會有缺漏或未列入的名字。

訃聞樣本

先考

　　顯妣　鄭夫人　慟於公元二零二二年六月三十日上午因交通意外不幸離世，享壽六十有八歲，遵禮成服謹擇於公元二零二二年七月三日（星期三）早上十時於香港殯儀館設奠。

哀此訃

聞

不孝男鄭大文、二文泣啟

出殯前的程序

·守靈

守靈（又稱守夜）會在舉辦喪禮、出殯前的晚上在靈堂進行，孝子及家屬守候在遺體身邊通宵過夜。相傳人死後靈魂要回家探望家人，因此子女必須守候在靈堂內等候靈魂歸來，直到遺體大殮入棺為止。意義在於守靈晚讓親人聚在一起悼念死者，抒發緬懷之情。守靈的傳統忌諱很多，靈堂之內禁止牲畜進入，尤其以黑貓、黑狗最為禁忌。

提到守靈，不得不提 1977 年在香港發生的一宗打劫殯儀館事件。該事件之後，讓客人在殯儀館守靈的傳統習慣就此因保安理由而消逝。1977 年 10 月 20 日凌晨約 1 時半，四名劫匪闖入位於香港島北角香港殯儀館 307 室靈堂，用利刀指嚇各人，除幾名誦經尼姑外，全部 19 名守靈人士被賊人綑綁逐一搜掠，各人被劫約一萬五千港元現金及價值約二萬港元的飾物。自從這單劫案發生後，香港所有殯儀館統一實施客人必須在午夜 12 點前離開靈堂，同時亦間接將靈堂守靈的傳統消失於香港文化中。不過，此打劫事件只是一個引子，隨著香港人的文化教育程度逐漸提升，通宵守靈實在非常費時；更有一些人對於靈異事件非常恐懼，但礙於文化被迫參加。這宗劫案之後，省掉那些不合時宜的制度及禮節，不難理解。

守靈禁忌除了禁止牲畜進入外，其實還有很多其他的禁

忌，且簡略在此討論讓讀者有所認識。守靈時，孕婦、產婦、月經來潮及流產婦人均不應該進入靈堂，因為鮮紅色的血是代表對先人的衝擊，為免犯禁不宜進入。若果先人是直系親屬，不能避免參與喪禮，必須身穿五種不同素色衣服以抵相沖。但時至 21 世紀 20 年代的今天，凡此禁忌已經愈來愈少人遵守。皆因外人很難知道參與喪禮的女士有否月經來潮或遭遇流產等事情，如家人不是非常熟悉守靈規則，犯了禁忌也沒有人知道。

另外，若先人直系親屬中有新婚未過百天的，新婚人務必戴好紅白孝布，以免喜白煞相沖。此舉會導致先人滿懷難捨之情，離世不順，死不眼閉；後人也受先人呼氣影響，諸事不順，影響健康。

守靈時必須素顏端莊，不應佩戴首飾、花枝招展。男子不可穿著背心或短袖上衣及短褲；女子不應穿裙子，不應披頭散髮，不應濃妝艷抹。尤其是不應穿拖鞋，露出腳趾，炎夏天氣守靈也要堅守規則。同時在守靈時，不應閒言碎語，談笑風生，尤其是後人不可以在先人靈前爭吵，縱使有天大的委屈亦應讓先人體面地走完人生最後一程。在靈堂前爭吵，不但出醜於人前，更是對先人莫大的侮辱。

守靈時不論是主家還是賓客，都不應該有男女親暱行為，靈堂並不是一個談情說愛的地方，更不應有任何越軌行

為。此舉極為不敬，嚴重侮辱喪禮的進行。

現時一般傳統喪禮做法，會於守靈當日大約下午 4 時安排主人家到達靈堂，主人家到達後，首要為穿上孝服，堂倌會為先人上三支大香及一對蠟燭。喃嘸師傅寫好祭文、皇榜及路票後，便會進行開路儀式。開路後，主人家才可上香向先人致祭。喃嘸師傅約下午 6 時多便會開壇唸經做法事超度先人。現時香港比較少通宵守靈，通常喃嘸師傅法事完成後便會離開靈堂。但仍有少數人跟隨傳統鄉例習俗，守靈過夜直至第二天大殮出殯。

在遺體化妝入殮時，香港坊間比較流行一種「口含銅錢」的喪葬文化。做法是於先人遺體口中塞上一個銅錢，對於富有的人家來說可能會塞入一粒比較貴重的玉石或晶體礦石之類。據說是當先人走到奈何橋時可用作買路錢，牛頭馬面給先人方便安心上路。但凡此等世俗傳說並非筆者所推崇，純粹只供讀者參考。

‧帛金

「帛金」又稱奠儀、香奠、楮敬、紙敬、賻儀，帛即布帛的意思。古時貴人門第穿著以綾羅綢緞為主，布帛只是一般大眾穿著，因為喪事期間不應花枝招展，就算貴人門第都應該降級穿著布帛以代替綾羅綢緞。香港人一般在喪禮時送上帛金，金額通常是在整數以外加上一元，以單數作結，例如 101 元，意思係指白事不會以雙數重來。至於金額多少，純粹是看賓客跟先人的

關係，或其本身社會地位而定。筆者曾見過只有 11 元的帛金，由於該位賓客是位獨居老人，根本不能負擔太大的數目，這個非常容易理解；亦有一位商人付六位數字的帛金支票。金額並不代表敬意的多少，純粹是每個人的條件不同，以及其與死者的關係。值得一提的是按照習俗，親友參加喪禮都會收到由家屬回敬內含一元硬幣及糖果的吉儀。若果親友賓客送出的帛金是整數，扣除吉儀內的一元尾數便為九，喪事「長長久久」，帶有非常不吉利的意思。一般可特別在帛金內加入八元尾數，扣除吉儀內的一元後便不會以九字作結；另外尾數八元也可取其偶數，因為「發」與「白」是諧音，有「白髮歸離」的意思。

帛金信封的範例格式

輓

　　　文府嚴氏夫人千古

　　　　　　　　陸至仁敬輓

　　帛金豐儉由人，但有一個禁忌，就是家屬在收到帛金後不會說「多謝」，通常只會說「有心」。多謝的意思是一種賞賜，而沒有帶出體恤的意思，所以一般香港人都因禁忌而不會說多謝。

喪禮打齋儀式

　　據統計，於香港出殯的喪禮中有六成以道教儀式舉殯。道教是中國三大宗教之一，亦是唯一源自中國的本土宗教，溯源可至春秋末年，約有 2,600 年的歷史。正如前文闡述的一些道教文化，道教徒永登極樂之後，會聘請僧侶誦經作法，而信奉道教人士則聘請道長道士打齋超度。

　　「打齋」，「打」是注入的意思；「齋」本義是潔淨、齋戒。《禮記・祭統》明確說「齋」是整齊身心，防其邪物。

　　「超度」，「超」是超越、超出的意思；「度」是度脫六道輪迴。超出及度脫六道輪迴生死的痛苦，即稱為超度。六道包括天道、人道、阿修羅道、畜生道、餓鬼道、地獄道。喪禮中透過打齋超度儀式，免除先人在地獄受苦，早日投胎轉世。同時請僧道誦經，為使先人安息離去，了無牽掛。

道教舉行喪禮可分為八個儀式。包括：

1. 開壇請聖

2. 啟靈招亡

3. 誦經拜懺

4. 破九方地獄（視乎情況或家屬意願）

5. 引亡魂遊十殿

6. 過金銀橋

7. 坐蓮花

8. 交經送亡

道教喪禮打齋

道教喪 —— 水上人

圖片中為一真實道教喪禮場面，因主家為水上人（亦稱蜑家人）關係，另備一條活鮮魚作為祭品，跟一般廣東籍貫的香港居民有不同的禮俗。

　　道士，香港人泛稱「喃嘸師傅」、「喃嘸佬」，乃在俗世修行人士。道教敬奉三清老君：上清、太清和玉清天尊，是道教中的最高靈魂領袖，在旁有兩位護法：文殊和普賢菩薩。在靈堂上做法事俗稱「打齋」。其實「齋」和「醮」是道教的兩種不同儀式。齋是指整理清潔身軀和心靈，調和心性的儀節；「醮」則指向神靈祈求福氣免除災劫等的一系列祭禱禮儀。道士參與人數多為三、五、七、十一，即五眾一醮師，七眾二醮師、十一眾二醮師；禮聘十七眾、二十三眾則為放三寶之大功德，先行拜懺贖罪以解前生罪孽，功德法事程序大致以開壇請聖，救苦經懺禮，誦讀梭文，破地獄、遊十殿、渡金銀橋、坐蓮花，交經、送亡、施食燒幽等。

道教認為人死後會變成鬼，人有三魂七魄：天魂、地魂、人魂；喜魄、哀魄、怒魄、愛魄、懼魄、惡魄和慾魄。牛頭馬面是陰間使者，人死後被其帶到地府去，地府內有十殿，亡魂進入地府之後，首先要向第一殿秦廣王報到。如果生前為善人，可以直接到第十殿投胎轉世；如果生前作惡多端，則要受地獄各種刑罰，包括勾脷根、落油鑊、截肢、挖開心臟等煎熬刑罰，受刑之後投胎轉世當狗、牛、馬、老鼠等。

如亡者是因意外或自殺身故，則由道士招魂及超度，意謂破地獄法事，先靈在十殿受審時，喃嘸師傅會以「魚貫躍步」及「穿正花紋步」替亡者開路指引（稱為步罡，道教認為按斗宿之象，九宮八卦之圖走步，即可神飛九天），冀有三清降駕護法的作用，再破瓦片表示亡者已醒覺。透過此儀式，可免先人在地獄受苦，早日投胎轉世。

・功德法事

功德法事是恭請三清（上清、太清、玉清）祖師做主，喚請亡魂至壇前，為他課誦《冥王經》、《慈悲滅罪水懺》等經懺，並透過「走赦」儀節，再以「給牒」、「過橋」方式，以示亡魂已被超拔度化，不會沉淪地獄之中。功德法事的目的是超度亡魂，同時也普度孤魂野鬼，一般於出殯前一天延請道士設壇舉辦。道教相當注重功德法會，認為惟有透過誦經禮懺，才能拔度亡魂升天。

· 破地獄

破地獄為香花僧或者喃嘸師傅的喪禮科儀法事之一，意即打開地獄之門，其目的是引領逝者的亡靈早日離開地府，進入輪迴。相傳源於民間傳說的「目連救母」故事，目連羅漢因見亡母在地獄受苦，遂求助於釋迦佛，得到佛祖的幫助而進入地獄，以禪杖打破地獄門，救出地獄中母親的亡魂。

破地獄的法事，通常由四至六名法師進行，唸誦經典，融合道教儀式，為首者揮動桃木劍，作穿步及破瓦等動作，並在瓦片上以油點火，象徵地獄中的業火。

· 擔幡買水

首先要弄清楚，什麼是「幡」？「水」又是什麼意思？

「幡」是在一根木棍棍端，綁有白色布條隨風飛揚，目的是告知所有人有喪事進行，因為以中國傳統為主軸的香港華人對死亡都比較禁忌，每當看見招魂幡飄揚，都會擔心到與亡者年生八字有所沖撞而避忌，遠離現場。尤其是有身孕和來月事的女士更甚。擔幡是指由死者的長子或嫡孫在出殯當日提著招魂幡（又稱引魂幡）引領亡靈升天，有著「通告」和「引領亡靈」的意思。

事實上在儒家文化圈的傳統喪事儀式，「買水」帶有清潔死者的功能，亦帶有清潔肉體和靈魂的意思，並由死者的至親於喪禮中負責。「買水」或「買天水」是指大殮當日，孝子執缽沿街

痛哭，行至河邊即拿一文錢扔入河中，然後用缽裝水，回家於遺體旁上下擦三次以作潔淨。「買」是子孫會在取水後擲錢於河溪中，讓故人不要再欠世間一分一毫。另一說法就是認為，所有白事並不可以接受送贈，定要喪家用真金白銀買回來，帶有不希望白事再來的意思。時移世易，在香港找一個有水源的溪澗或河流殊不容易，故大多會在靈堂前放一桶水，以點水方法象徵式代替取溪水或河水。

喪禮大殮當日的程序

・大殮

「大殮」即由土工負責將死者放入棺木中，之後進行瞻仰遺容，目的在於讓親友見死者最後一面。遺容以先人生前一般生活及面貌為標準，自然及安詳為目的，不應誇張或出現所謂「裸妝」，亦會在先人遺體上蓋上壽被。

先人入殮時穿的衣服稱為「壽衣」。壽衣的件數及質地是很講究的。件數必定是單數，如五、七、九件不等，切忌雙數，以免凶禍再次降臨。壽衣質料忌用緞子，因「緞子」和「斷子」音同；另外，「綢子」和「稠子」音同，寓意福佑後代多子多孫，而多用綢子。壽衣還不能用皮毛製作，怕來世轉為獸類；不能有口袋，即袋走在世子孫金錢。

在靈堂上常常聽到堂倌大喊：「大吉大利百無禁忌，家屬亦無須迴避，封……棺……」這就是「封棺」儀式，土工將棺鏡移開，棺蓋封蓋好，四角以金屬釘釘好，有時後人會留下一兩根棺材釘，稱為子孫釘，據說有辟邪鎮魔之作用。

靈堂上普遍用下列橫匾文字作紀念語：淨土安息、福壽全歸、典範長存、德高望重、德澤長流、碩德耆年、高山仰止、山高水長、碩望高風、景仰高風、德重如山、福全德備、年高德邵、南極星沉、哲人其萎、名孚中外、信義及人、品望昭垂、名留千古、典型尚在、古道照人、同高北斗、名垂不朽、老成凋謝、德望常昭、五福全人、大雅云亡、望隆山斗、亦師亦友、才賢其惜、英風猶在、痛失英才、壯志未酬、英年早逝、天妒英才。

・出殯及下葬

大殮後，靈柩前往下葬稱為「出殯」。土工會搬運棺木上靈車，抬棺木上山落葬或進行火葬。與此同時進行「啟靈」，由道

棺材釘

長引領，上山下葬，或到火葬場火化。離開殯儀館後，送喪的親友大多會乘家屬預備的車輛到墳場或火葬場參加下葬儀式。

若土葬，安葬前需要先拜祀后土，再放靈柩進墓壙，進壙時親友應背向墓塚，以免影子投入塚中，寓意不帶走在世家人；待棺木放好後，每人取一把泥土灑在棺上表示親葬，並在墓地上香以別先人。若果選擇火葬，棺木送至火葬場後，須由至親親人按鍵將棺木送入火化爐中火化；完成後由子女雙手恭敬捧著先人的靈位或遺照相片，以長香引領回家安奉，稱之為「返主」。

在踏進家門前，親人跨過燃燒著奚錢的火盤，意在除邪去垢，隨即將先人神位奉好，此後早晚香火、飯食供奉，至除孝脫服止，此謂「返主安靈」。

出殯後的禮儀

·守孝、脫孝和纓紅

守孝期內，每個祭日均應進行拜祭紀念，一般是頭七和百日。在百日之內絕對不應該進行婚嫁儀式。守孝百天內，家中如有新生兒出生，則需祭祖稟明，以免孝氣壓新生嬰兒。

　　脫孝和纓紅，是指喪禮完畢後，死者家屬脫掉孝服，表示喪孝期已過，再以柚葉或由道長唸咒水灑淨，在身上扣上紅布片一塊，寓意吉祥。

　　在香港，守孝三年的習俗幾乎已經失傳。現在流行的做法是將守孝簡化，在出殯上山安葬當日除服脫孝，翌日衣著如常，但喪禮舉行百日內謝絕應酬者仍然甚多。

・纓紅宴和解穢酒

　　家屬會擺設纓紅宴和解穢酒，招呼送喪的人客以示禮儀。在香港很多人都分不清解穢酒和纓紅宴的分別。

　　解穢酒除了有安慰的意思，亦有解除污穢的意思。脫孝前於殯儀館守靈當晚，主人家仍未除服脫孝，會安排齋菜招呼家人及親友，稱為解穢酒。而解穢酒必定是七道菜，一份糖水。通常解穢酒第一道菜會先上甜品，先甜後鹹，也象徵把後福留給後世子孫。

　　纓紅宴代表喪禮完畢後，隨後於火葬場（火葬）或墳場（土葬）即時脫去孝服，簡稱脫孝。下山後，家屬安排筵席招呼送喪的人客所吃的飯，稱之為纓紅宴。一般人所說的「英雄宴」其實正名為「纓紅」，有「被紅色纏繞」之意，即神主牌已經能繫上紅帶。如果火化或落葬之後，主家選擇立即脫去喪服，即代表所有儀式已完結，所以「纓紅宴」就是脫孝後的喪宴。纓紅宴有八

道菜，一份糖水，而糖水亦會先吃。八道菜象徵著喪事經已圓滿結束，好事成雙的意思；先吃糖水意味把先人的福蔭留給後人子孫。

纓紅宴常選用的菜式有大蝦（脫服哈哈大笑）、生菜（生財）、花膠鵝掌（錦上添花）、鮑魚（能包容能保護）、燒肉（紅皮赤壯）、龍蝦（龍馬精神）、蒸魚（出水能游）。但切忌選水果瓜類，例如西瓜（瓜老襯）、蜜瓜（密密瓜），都有死亡不利的意思。蔬菜方面，不吃勝瓜、節瓜。更忌食牛肉、馬肉，因為是先人之「新朋友」，不能吃其肉。糖水方面，不可點蓮子糖水，有「連子下黃泉」的意思。有一點值得注意，纓紅宴上的雞、魚菜色必定要切去尾部，意思是希望先人不用掛心後人，安心往生，不留尾。餐具亦須留意，一些紅色邊或大紅大紫顏色的餐具不適宜使用，亦絕對不能印有「萬壽無疆」、「雙喜」等字，否則有「攞景贈興」、「取笑」的侮辱含義。

·做七

道教認為人在死後的每七天為一個周期，在這些時間為先人做功德，能幫助死者往生，稱為「做七」。做七多在三七（逝後第 21 天）、五七（逝後第 35 天）和七七（逝後第 49 天），子女會在這些天請高僧為先人誦經祈福，希望先人能往生善道。

5　回教喪葬禮俗

　　回教又稱伊斯蘭教。伊斯蘭教中有不同派系和不同分支，一般香港人認識的主要教派以遜尼派和什葉派為主。香港的回教徒來自不同國家和地方，筆者處理過最多的個案來自馬來西亞、印尼和巴基斯坦（印尼以女傭為主），亦有來自埃及、突尼西亞、加納，以至尼日利亞及塞內加爾等。

　　根據伊斯蘭教殯葬原則，喪葬必須採用土葬儀式。土葬是一種純自然的殯葬方法，墓穴深度需要在約兩公尺左右。除非事非得已，採用火葬可免則免。穆斯林以純樸自然、平和安靜、順應天、自然萬物為宗旨。

　　根據《古蘭經》21:35 記載：「人人都要嘗試死亡，我以禍福考驗你們，你們將復歸於我。」穆斯林信徒認為人的出生是步向死亡的起點，死亡是人生必然的歸宿，沒有必要懼怕和恐懼。逝去的人遵從真主「阿拉」（或稱「安拉」）的主命回歸真主懷抱，亡者親人至愛，必須克制悲哀情緒，避免嚎啕大哭，並需要盡快處理亡者後事，一般以三日內完成辦理喪事為佳，以減少傷痛的延續。但因香港實際情況，未必能夠在三日內完成喪葬禮儀，一般七日至十日內完成喪禮都可以接受。

　　前輩在世之時後輩應該施行孝道，盡心照顧，關懷備至；

當前輩過身之後，一切必須以「從儉」為原則，所謂「厚養薄葬」就是這個意思。

回教一般喪葬儀式

伊斯蘭葬禮並沒有壽衣的觀念，只會用裹屍布（shroud）包裹屍體，裹屍布通常只會用白色棉布。遺體不會穿戴任何飾物，或穿衣著鞋，在入殮前必須先用水清潔身體。香港的回教墳場設有專用冷藏屍櫃、屍床、清潔屍體專用的水喉和地方，並提供回教廟堂給回教徒進行葬禮儀式。雖然遺體不能穿戴任何飾物，但一般都會修剪指甲、髮鬚等，並可以在遺體上塗上膏油。

香港回教廟專用的冷凍藏屍櫃

處理遺體時應該輕輕閉合遺體嘴部和眼睛，及整理身體四肢、梳理頭髮，在包裹遺體時確保沒有戴上首飾，同時盡量將遺體向右側放，朝克爾白的方向停放。克爾白又稱愷阿白、天堂禮拜寺、卡巴天房、天房等，是一座立方體的建築物，意即「立方體」，位於伊斯蘭教聖城麥加的禁寺內。《古蘭經》記載：「為世人而創設的最古的清真寺，確是在麥加的那所吉祥的天房、全世界的嚮導。」

靈堂佈置上，不能懸掛逝者遺像，或投放其生前錄音影像等等，這點跟香港大部分宗教葬禮不同。

男性信徒和女性信徒不能共處靈堂，除非是獲得長老同意的直系女性家屬，方能在同一時間出席喪禮。禱文唸「清真言」：「萬物非主，惟有安拉，穆罕默德是安拉的差使」（英文音譯為 La ilaha illallahu Muhammadun rasuulul lah），經文內容主要是提醒逝者帶著信仰歸真。

在回教喪禮中，賓客必須先大淨和小淨身，衣著必須端莊。在香港，參加回教葬禮的人士多穿民族服裝，當然亦有穿西服打領帶的。賓客不得向逝者或其棺木鞠躬、叩頭、合十、下跪、作揖等。「站禮」是回教葬禮中一很重要的程序，雖然時間不長，但其意義非常重大，在世者向真主阿拉求寬恕的意思。站禮只需要站著，不需要鞠躬、叩頭、跪拜等。儀式由伊瑪目（又稱阿訇）帶領，「大讚詞」、「讚主詞」、「讚聖詞」、「求恕詞」

和「開拜詞」各唸四遍。

　　在葬禮期間，應保持清真廟內靈堂安靜。參加喪禮的
賓客和主人家不應嚎啕大哭。但在告別亡人時，傷心低鳴的
哭泣聲不會被禁止。進行「送葬」儀式時，所有男性嘉賓都
應該幫助攙扶搬抬靈柩，低聲讚美主、讚聖等，並從中啟發
領悟死亡的真諦，其間不應嬉皮笑臉、談話和抽煙。回教
葬禮不容許有陪葬品。棺木到達墓地之後必須小心輕放，
以免打擾先人。有時家屬會在墓穴中撒上香料，以防蛇蟲鼠
蟻。回教墓碑通常以簡樸為主，不求奢豪。

　　在回教教義中，捐獻是一種光榮，同時也是責任。香
港有一個回教組織協助所有回教徒，教徒如有需要，不論在
儀式、長老帶領、場地提供，甚至經濟支援上，組織都會為
其提供協助。

回教喪葬情況

弟兄準備棺木下葬先人
（注意：回教廟內不能穿鞋）

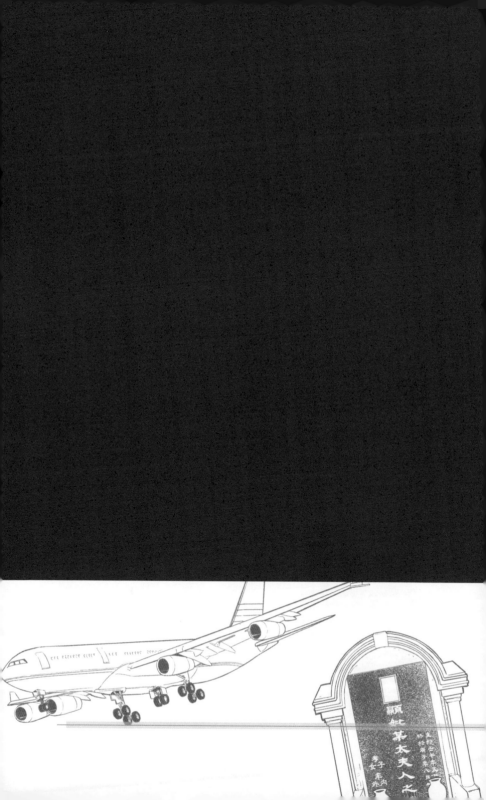

第四章

新冠疫情下
香港的殯儀業

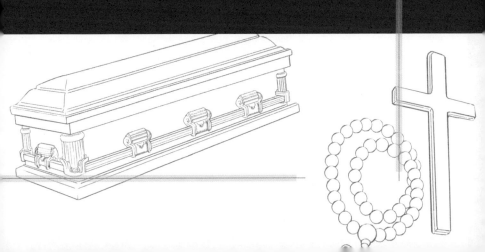

2019 年 12 月，一場世紀疫症迅速蔓延全球，香港作為其中一個首當其衝的城市，一浪又一浪疫症爆發。至 2022 年 10 月，確診新型冠狀病毒及其變異株的累計呈報個案數目已接近一百萬，死亡人數超過一萬人，其中經濟損失難以估計。讓我們回顧一下這場世紀疫症對世界、對香港的影響，尤其是對香港殯儀業界史無前例的衝擊和改變。

新冠疫情初起時，香港社會都忽略了疫症對殯儀業的影響。直至第五波疫情時，大量新聞報道指屍體堆積於急症室旁、殮房等地方，停屍位置不敷應用，甚至史無前例地臨時擺放 40 呎冷凍櫃於殮房露天地方作為臨時停屍間，引起業界及社會嘩然。同時社會關注冷凍貨櫃儲存溫度是否適合擺放屍體，亦擔心安全及領取遺體手續問題，怕數十年前殯儀館錯領遺體事件重演。在第五波疫情爆發後，火化爐預約往往都要比平時長 10 至 15 天，家屬因防疫措施限制，延誤領取遺體，繼而令後續的防腐處理等衍生問題，怕此舉會不尊重先人而煩惱。另外，在限聚令下親友出席喪禮的安排亦引起社會關注。

1 疫情下的各種問題

屍體堆積問題

　　疫情下，香港平均每天約有 150 宗以上突發的疫症死亡個案。不過其實屍體堆積問題，不單源於大量突發的死亡個案，更牽涉到不少殯儀從業員因受感染或擔心受感染，家人強烈勸喻其停工所致。另外，死者家屬被圍封強檢、到港人士強制酒店隔離等亦使情況進一步惡化，一再耽誤認屍時間及回港奔喪的日期，致使殮房遺體堆積如山。另一方面，所有受病毒感染個案都必須經過額外加護處理及存放，以確保員工安全及先人獲得尊重，使處理屍體工作變得更加繁重和需時更久。

屍體堆積問題

1 明愛醫院以貨運冷凍櫃作臨時殮房
2 伊利沙伯醫院殮房外臨時加設 40 呎冷凍貨櫃作臨時停屍間
3 臨時停屍間貨運冷凍櫃
4 用作臨時停屍間的冷凍貨櫃整齊排列在殮房外

2

3

4

圍封強檢政策問題

政府突然圍封大廈、街道進行強制檢測的政策，也令殯儀行業人人自危。一旦員工處所屬遭強檢地區而不能上班，但喪禮卻必須繼續進行 —— 正如外國人有一句諺語「The show must go on」。試問殯儀公司如何向家屬交代？所面對的經濟及商譽損失如何彌補？長生店因擔心政府突然封街強檢，曾連夜緊急撤走店內壽衣、棺木和死亡證等文件。因為客人買完棺木後，通常要等15 日或更長時間才可以正式辦理葬禮，故大多把棺木寄存到長生店內；萬一遇上政府突發封區，先人壽衣、棺木和火化文件都只能留在店內，會對喪禮造成很大影響。疫情下百業蕭條，封區的傳言一旦出現，行家急撤，情況非常狼狽。

安排葬禮

在疫情期間，喪禮可被豁免限聚令繼續舉行，但香港市民仍應遵守現時的社交距離。亦即，應適當減少參加葬禮的人數。各種葬禮服務提供商，例如醫院、持牌殮葬商和殯儀館等都將保持開放。為了遵守政府防疫規定及建議，管理葬禮的各個機關組織都採取限制人數或保持社交距離等措施。根據業界理解，這是個非常繁複費時和艱難的配合。

線上喪禮拜祭

由於香港實施限聚令及到港人士隔離令,使不少身在外地的死者親友們不能到場致祭。圖為 2022 年疫情期間進行線上喪禮拜祭的情況,有攝影師在場拍攝。

額外的屍體處理程序

在疫情肆虐下,殯儀業工作者每接獲一單生意都必須格外留神。一旦死者是因傳染疾病而身故,業界都非常緊張,追問先人過身的原因。屍體有三個級別(藍牌、黃牌、紅牌),不同級別都各有其防疫限制。死因為新冠病毒感染的屍體屬黃色標籤,即先人的屍體需要放進屍袋處理。

根據疾病的傳染途徑和感染的風險來分類,當局建議在處理屍體時,採取下述的預防措施:

第一類：藍色標籤

死因為非傳染病類，可以在殯儀館內瞻仰遺容，並可為屍體進行防腐處理、裝身及化妝。

第二類：黃色標籤

死因為傳染病類，可以在殯儀館內瞻仰遺容，不可為屍體裝身及化妝，不可以為屍體進行防腐處理，強烈建議採用火葬。

適用於已知感染了下述疾病的屍體：
（a）愛滋病病毒感染；
（b）丙型肝炎；
（c）克雅二氏症（屍體未經剖驗）；
（d）嚴重急性呼吸系統綜合症（SARS）；
（e）禽流感；
（f）中東呼吸綜合症；
（g）2019 冠狀病毒病（COVID-19）；及
（h）主診醫生、感染控制主任或微生物學家建議的其他傳染病。

第三類：紅色標籤

死因為高度傳染病類，不可以在殯儀館內瞻仰遺容，不可以為屍體進行防腐處理、裝身及化妝。禁止從屍袋內取出屍體，不可以拉開屍袋的拉鍊，只可以採用火葬。

適用於已知感染了下述疾病的屍體：
（a）炭疽病；
（b）黑死病（鼠疫）；
（c）狂犬病；
（d）病毒性出血熱；
（e）克雅二氏症（屍體已經剖驗）；及
（f）主診醫生、感染控制主任或微生物學家建議的其他傳染病。

一旦知道屍體乃因感染新冠病毒而離世，業界員工都
會做好準備。除了平日需要的手套外，同工在處理有關遺體
時都會加穿保護衣，用屍袋包好屍體之餘亦在棺木底下貼上
防水膠紙，作為雙重保障，防止滲漏。

有業界拒絕為新冠病毒感染的死者辦理喪事，原因並
不是金錢和道義問題。要知道大多業界同工均有妻兒，一旦
受到感染，不單手停口停，更禍及家人，連累家中小朋友和
老人家。

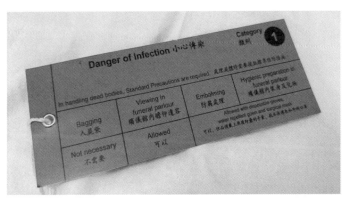

屍體分類標籤的樣本

屍體分類
冷知識

　　殮房將遺體以傳染度分類為第一類（藍色）、第二類（黃色）及第三類（紅色）三級別。下以殯儀服務行業從業員的角度，就藍、黃牌兩類，再細分五級：

　　◦ I 級（睡覺級）：遺體根本跟一個在睡覺的人無異，外表完全良好。通常是年輕死者，死於一般疾病。筆者曾處理過一名三十多歲亞洲裔男子因酗酒過身，入殮時基本上不用化妝，眉清目秀。

　　◦ II 級（屍體級）：面色蒼白，嘴巴合不攏，只需一般簡單化妝就可以，通常老人家、長期病患者過身都會有此情況。

　　◦ III 級（屍斑級）：處理此等屍體必須在屍體面部用白電油抹去屍潺，很多時死者腹部都會出現一大片發霉致呈綠色，因為內臟壞死通過皮膚底層顯露出來。

　　◦ IV 級（器官不全級）：死者面容扭曲，破損，皮膚變深色，跳樓自殺、上吊自殺、溺斃等死者通常有此現象。

　　◦ V 級（腐屍級）：死者面容完全損壞，面骨及頭顱骨外露，有白色屍蟲蠕動及蒼蠅徘徊，屍體完全變焦變黑，此等屍體通常是過身後好一段時間才被發現的。

強制「院出」對殯儀業的影響

「院出」意思是指在醫院或殮房直接進行送別儀式，而不使用殯儀館。「院出」服務一般只適用於在該醫院去世的病人。大部分醫院設有告別室（或類似房間），親屬可在舉行簡單送別儀式後，把遺體直接送往火葬場或墳場進行火葬或土葬。

受新冠病毒感染過身的個案，業界都不建議到殯儀館舉行儀式，絕大部分的遺體以院祭形式辦理，再沒有經過殯儀館。2022 年 2 月，多間殯儀館均發出通告指不會為帶有新冠病毒的遺體提供服務，一旦發現虛報，該殯儀公司需要負責所有額外清潔費用及負擔受感染員工的薪金，以作補償，所以基本上沒有業界公司冒險幫客人隱瞞。

在疫情下拜祭先人都要做好防疫措施，但疫情期間，大家都經歷了不一樣的喪禮。面對親人離世，不單沒有靈堂，連送別的賓客也難以到場，只有道別的心意。以往在公立醫院離世的簡單告別儀式可在醫院內殮房附設的小禮堂舉行，然而疫情期間殮房附設的小禮堂都暫停使用，儀式只能在醫院或殮房內臨時停車場舉行。更甚者在殮房外的一塊小空地上進行，遇上下雨天非常狼狽；又或陽光普照萬里無雲，賓客需要在烈日當空下忍受驕陽似火的天氣，汗流浹背。

在疫情下，院出告別儀式亦由以往一小時縮短至約 15 分鐘，喪禮環境不甚理想，亦有嘈雜的車聲、人來人往。還有氣溫問題，因為場所都充滿排風系統，非常酷熱，沙塵滾滾。疫情影響親人友好見摯愛最後一面，若離世者感染新冠病毒，家人只能隔著屍袋作告別，連瞻仰遺容都不容許，容貌難以辨認，連基本的清潔、為先人穿壽衣、化妝等基本要求都做不到，家屬非常無奈、內疚，不忍之情不言而喻，格外傷心。

返港人士強制檢疫的影響

2021 年 12 月 2 日政府公佈香港居民必須已完成疫苗接種及持認可疫苗接種紀錄，方可登機回港。抵港後於指定檢疫酒店接受 21 天強制檢疫，其間接受六次檢測，並須於抵港第 26 天到社區檢測中心接受強制檢測。沒有香港居留權的外國旅客甚至被拒絕入境，若有至親在香港過世，但沒有香港居留權，情況就變

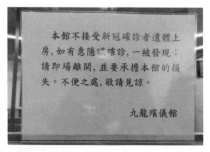

九龍殯儀館見到的告示

得非常不理想，因為奔喪並不被接受為可被豁免限制的理由。在疫情下為離世的親人或朋友舉行喪禮受到很大的考驗和限制，若死者的朋友家人都在外國，疫情最嚴重時不能回港，他們可能終其一生都帶著這個遺憾。

2　業內人士訪問談話

　　為更進一步了解業界實況，筆者梁偉強於 2022 年 3 月 18 日訪問了羅偉立先生（殯儀業商會永遠名譽會長羅顯榮先生公子、永福殯儀公司董事），談及見聞並提供專業意見。

　　梁：羅先生你好，請問最近公眾及公共醫院殮房爆滿、堆積遺體的情況，對業界有什麼影響？

　　羅：根據我的認知，現時（2022 年 3 月）香港平均每日有大概 130 人死亡。目前香港有大約 70 至 75 間領有殯儀牌照公司，即每家公司平均每日有兩單生意，競爭不算太激烈，亦算不上沒有競爭。不過，這星期最高峰每日有大約 300 名死於新冠病毒感染的病人離世，相等於平時兩倍至三倍，這一個現象來得非常突然，使業界無論在人手、物資、物流及工具（例如靈車）等需求上都突然增加，同業為了增加競爭力，不惜高價爭取資源以提供優質服務。要知道殯儀本來就是一項專業，不是每一個人隨隨便便就可以入行，必須要循序漸進學習殯儀知識方能夠提供服務。市面需求突然增加，確實令業界有點手足無措。另外，靈車不是付款購買就可以立即使用，必須要經過改裝、申請特別牌照、安排人手配合，否則得物無所用。

　　梁：會否因此而被拖延工作程序和時間？

羅：由於香港政府已經安排大部分公務員在家工作，或多或少都會影響政府的服務，殯儀業亦在所難免受到影響。例如在入境事務處的生死註冊處申請一張死亡證都比以往增加幾個至十幾個工作日；另外各大醫院人手極度緊絀，一切文件及申請手續都相對較慢，一張證明書都要花上七至十日或更長時間才能到手。業界當然明白及理解，亦更耐心地向死者家屬解釋。無奈的是，家屬一般都比較焦急，因此偶爾會有不愉快的事情發生。作為專業的殯儀工作者，向家屬悉心解釋，給予耐性及適當程度的安慰，都是不可或缺的。

梁：員工對長時期超時工作有什麼要求及投訴？

羅：香港殯儀業從業員絕大多數以件工計算報酬，而非月薪或底薪，在多勞多得的情況下，前線員工能夠有更高的收入。雖然工作比以往增加，但並沒有因此而有任何投訴。土工通常在上午 8 時半開始工作，下午 3 至 4 時便完成工作；但在目前第五波疫情情況下，下班時間都延後至黃昏 6、7 時。有極端個案上午 8 時上班，因為火葬場提供服務至深夜 12 時，故深夜 12 時才下班，但翌日又再如常由 8 時工作至下午 4 時，連續工作二十多日都沒有機會休假。

至於員工要求方面，由於新冠病毒感染死者屍體屬於黃色標籤類別，處理屍體時必須避免直接接觸屍體的血液

或體液。保護衣則必須達到醫護人員級別，當中包括即棄的個人防護裝備，如合格即棄手套、防水或抗水保護衣，外加膠圍裙、外科口罩，亦經常見到有人同時帶上兩個口罩。因為可能有飛濺物，必須戴上護目鏡或面罩以保護眼睛。配備鞋套及水靴亦不罕見。

綜合醫院管理局及食物環境衛生署指引，為確保殯儀業前線員工安全，萬一員工有傷口，均必須以防水膠布或敷料包妥方能工作；員工於工作期間不可吸煙或飲食，不可觸摸眼睛口鼻，以避免感染細菌或病毒，危害工作人員安全。另外員工必須嚴格遵守個人衛生，處理遺體及脫下個人防護裝備後，必須用梘液和清水洗手，或適當使用酒精搓手液，以保持手部衛生。另外有一點非常重要，在進行處理遺體的過程中，或是事後處理廢物及除污時，均應避免被利器所傷，然後立即用梘液和清水洗手。由於殯儀行業有嚴格的程序指引，作為殯儀公司負責人，我們必須提供適當的保護衣物予員工，正如剛才所提及的醫護裝備、保護裝備以及清潔用品，支出都比在疫情之前增加。

梁：死於新冠病毒感染的個案被納入第二類（即黃色標籤，高傳染類別）遺體，需要特別處理程序。殯儀服務收費會否比一般遺體處理更高？

羅：處理第二類及第三類遺體，公司要提供相關保護衣及清潔消毒用品予員工，員工亦必須嚴格執行有關程序。因此不單

物料成本增加,在人手分配上亦有不同程度的考慮,在物料資源及人力資源成本增加的情況下,無可避免需要增加收費以彌補開支。目前處理第二類(黃色標籤)遺體基本價格比第一類(藍色標貼)遺體大約高出 10% 至 20%。當然亦視乎客人選擇的棺木款式、儀式及場地而定,10% 至 20% 只是最基本的操作及時間成本。

梁:業界如何招聘新人以加強人手?

羅:招聘適當的員工一直以來是業界的棘手問題,殯儀業大多來自世襲或家庭企業,熟人介紹亦非常普遍,甚少以廣告招聘人手。雖然近年來這個趨勢有所改變,前線文職員工經招聘廣告入職時有所聞,但比例肯定不多。時移勢易,今天突如其來的逆轉,在人手緊絀的情況下,又剛巧遇上香港失業率高企,業界都鼓勵同事及同行介紹新人入行,發放新人介紹獎勵金,以解燃眉之急。亦間接使到這「神秘」的行業多了一批生力軍。而業界亦招聘了一班兼職員工以解決人手問題。至於報酬方面,新入行兼職員工每日大約 1,000 港元左右,新入行全職員工日薪則大約有 1,500 至 2,000 港元,視乎工作量而定。由於時間緊絀和倉卒,業界在挑選入職人士的條件上有非常大的讓步空間,例如無薪試工和詳細面試都欠奉,甚至出現「先開工後填表」的情況。

　　遇上百年難得一遇的世紀疫症，業界面對空前的挑戰，在招聘人才上出現一個前未所見的現象，不單令很多非業界人士費解，更可能成為一個缺口，一個打破歷史禁忌的缺口。話說一間殯儀公司兩三個月前開始招聘女性土工，要知道土工需要搬運遺體、棺木及幫遺體裝身穿衣等，除了體力勞動之外，更會直接觸碰遺體，膽量小一點也不能勝任。（**梁**：這些業界新手是主婦還是年輕女性？或與什麼特別背景的女性群組有關？）這批業界新進以三十來歲年輕女性為主，當中超過一半更是未婚女性。

　　至於兼職員工，有一個有趣的業界術語必須跟大家分享，日薪、月薪、週薪大家可能都聽過，但「洗手糧」大家又聽過沒有？「洗手糧」並非指用糧食洗手的意思，而是每日下班必須要洗手，在工頭的帶領下，下班時間立即收取現金報酬，已非每月發薪一次。這個情況跟五、六十年代碼頭苦力「大包米」非常相似，歷史不斷轉向，甚至可以重演。

　　梁：根據最新消息指出，業界有多人染疫，更抽調大量人手處理醫院與殮房之間的運輸工作，造成大量空缺，這情況是否真實？

　　羅：這個情況確實存在。根據非正式估計，業界有多達 30% 至 40% 員工染疫，暫時失去大量人手。另外亦有業界員工因擔心將病毒帶回家中，上有高堂下有妻兒，萬一令家人受感染後果堪虞，故有前線員工甚至租住公司附近酒店或旅館，暫時拒

絕與家人見面，以保障家人健康。一些極端個案的情況，部分前線員工甚至暫停工作，以防感染。因此造成大量人手空缺，情況雪上加霜。

另外，由於各大醫院及公眾驗房有大量遺體堆積，醫院管理局及食環署招募大量員工，以及推出標書制度，引領殯儀公司作半年短期合約，加快處理搬運遺體。標書註明短期合約的時間可以由六個月至九個月不定，由局方決定。殯儀業界跟政府在挽留人才及爭取新人填補空缺的競爭下，確實面對空前挑戰，不過在另一角度而言亦增加商機。香港殯儀商會在日前的記者招待會交代了這情況，希望政府能夠在政策上與業界增加溝通、使業界可與政府共同解決問題；亦希望政府提供支援，例如在政策和程序上協調，以加快處理程序，使業界可以精簡人手安排。

梁：對於有意加入殯儀業的朋友，現在是否投身殯儀行業的良機？

羅：正如之前所述，殯儀業界人才若渴，有志於殯儀業的朋友可以利用這個千載難逢的機會加入業界。在呼籲的同時，亦希望各位準備加入殯儀業的朋友一定要再三思考，因為每天開工都跟遺體、陰沉環境和被視為不吉利的東西共處，並非每個人都能夠承受，必須了解及考慮自身的性格、喜惡和接受程度。千萬不要以單一條件考慮，如薪金報

酬，這非常危險，無論對自己、對公司、對家屬均沒有好處，畢竟殯儀業是一門專業的行業。

梁：棺木短缺情況真的存在嗎？如何解決？根據政府在記者招待會所述，香港主要有三個棺木供應商，位於廣東省，你可否大致介紹一下這三個供應商的背景和各自的分別？

羅：供應香港棺木的製造商大多，或者應該說絕大部分，都是來自廣東省，由於廣東省南部一帶日前爆發疫情，深圳河以北很多地區都實施兩星期的社區封鎖，這政策使從廣東省到香港的非鮮活貨物陸路運輸供應完全停頓；加上香港大幅增加的死亡個案，在此消彼長的情況下，香港棺木供應確實出現嚴重問題。

根據業界回應，推算目前香港棺木的儲存量僅足夠兩星期使用，換句話說，如果死亡量維持目前的趨勢，而廣東省停止兩星期的棺木供應，香港將出現棺木短缺，這情況的後果非常嚴重。目前香港的遺體儲存已經出現問題，殮房儲存量遠遠追不上需求量，萬一棺木短缺，遺體堆積將會極之嚴重，甚至可能構成衛生大災難。夏季即將來臨，酷熱天氣下遺體加速腐化，必須要有適當處理，同時亦必須明白冷藏遺體有一定成本，在能源消耗、公共衛生及道德領域上均要非常小心處理。

目前供應香港棺木的製造商基本上是五間而非三間，各供應商有自己的特色，例如其中一個供應商以價格取勝；另一個供

應商以環保棺材為主，提供再用廢紙的棺木，對環境保護作出非常大的貢獻。另外有些供應商則以供應豪華式棺木為主，採用的都是高價木材，以品質取勝。說到底，每間公司有自己的特色，有自己的生存之道，很難直接比較。

梁： 棺木短缺有否影響棺木價錢？

羅： 剛剛提到從廣東省到香港的非鮮活貨物陸路運輸供應完全停頓。目前只有確保鮮活食品供港政策，所有非鮮活食品必須以海路運輸從廣東省運到香港，在僧多粥少的情況下，棺木製造商要以高價向海路運輸公司競投倉位，這難免令運輸成本增加，最終轉嫁到消費者身上。業界眼見目前的情況，大家都爭相購買落訂，以防止缺乏物料供應而失去生意，引起一陣的搶購潮，甚至有點炒賣味道，對社會大眾絕對不是一件好事。一般而言，棺木的價格在 2022 年 3 月已經上升 10% 至 15%，如果供應情況沒有改善，成本急速上升在所難免。

梁： 自 2022 年初香港第五波疫情大爆發，死亡數字激增，政府有否對業界作出任何指示？政府有否提供支援？

羅： 自從第五波疫情大爆發，食環署已經增加火葬場時段，火葬爐由早上 8 時至深夜 12 時運作，以加快處理積壓的遺體，這大概算是對業界的一個小小支援。另外食環署

印製了一批小冊子供業內人士參考，及提供聯絡資料供業界查詢政策。殯儀業界跟政府一直甚少聯絡，甚至可以說是零接觸，藉著這個疫情，打開政府跟業界直接溝通的渠道，可謂一個意外收穫，希望政府能夠長期諮詢業界意見。不僅是這次的世紀疫症，例如沙嶺超級殯葬城的建造、搬遷紅磡三間殯儀館等計劃都跟行業息息相關，業界幾乎一無所知，只能夠在新聞報道之中略知一二，這並不理想。

梁：感染新冠病毒的死者一般由病發直至過身，大約只有八至十二日，事出突然，確實令家屬非常難受，職員需要特別處理家屬的情緒嗎？如果家屬親友染上病毒，未能出席喪禮，又或者家屬為高風險人士不能出席喪禮，業界的專業上有什麼特別措施或技巧可令其安心一點？

羅：情緒處理是我們日常的工作，每一個人對每一句說話都有不同的理解和感受，在哀傷和複雜的心情下，作為從業員必須以非常謹慎的語言表達意見，突發的死亡個案確實令人難以接受，通常這種情況的死者家屬會比照顧長期病患者的家屬更加難以接受事實，這個非常容易理解。所以我們的日常工作除了程序要處理得井井有條，亦不能容許語言上的出錯，基本上跟客人的討論會以文字記錄為準，以免產生誤會及引起爭執。工作態度亦非常重要，千萬不能給客人有輕佻浮躁的感覺，輕則失去生意，重則招致嚴重糾紛，要知道殯儀這個行業口碑是非常重要，醜事傳千里，我們工作嚴謹和專業的態度非常重要。

　　我入行的初期，很多同學以為我做保險業，因為我常常穿西裝打領帶出現，其實原因在於我比較年輕，必須要給客人一個沉實的形象，嚴肅的衣著打扮可以提升客人對自己的信心。大致上來說，處理新冠病毒感染死者個案跟日常處理的個案並沒有太大的分別，最重要是解決家屬的提問，例如解釋何謂第一類、第二類及第三類遺體處理，免令家屬憂心及有所誤解。目前香港仍然實施限聚令，這個問題往往是家屬最關注的問題。他們非常擔心出席喪禮人數限制、時間及地點的限制，或家庭中有長者未接種疫苗能否出席喪禮等問題，可能同一條問題由不同家屬重複提問多次，也要耐心回答，不能報以不屑的眼神或語調。

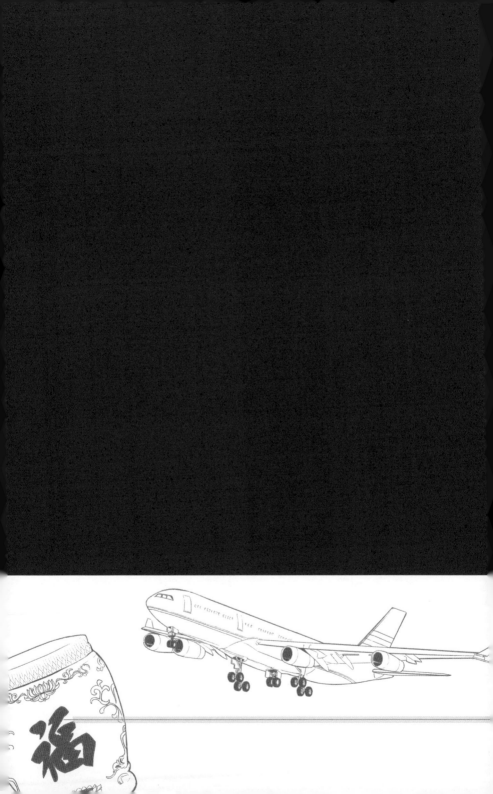

第五章

香港殯儀從業員
各司其職

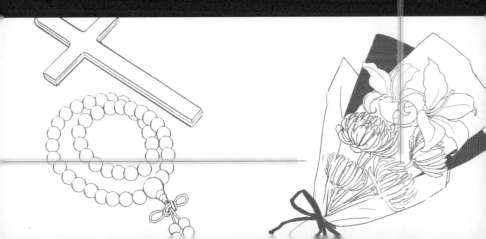

　　入行前每次經過殯儀館門前，總看見門外泊滿靈車與旅遊大巴，外圍堆放著一大堆淺色鮮花花牌，濃烈的百合花香氣混雜著香燭冥鏹燃燒氣味，組合成一種獨特味道。在殯儀館門口經常聚集著土工、兜售鮮花的花店職員、司機，以至穿道袍、白色唐裝衫的，嘴巴叼著香煙的人們，轉進街角圍著一個垃圾桶聊天抽煙。

　　那些從事與死亡相關工作的人，每天都面對許多離別與眼淚，表面鐵石心腸，毫無表情，穿著大袍闊袖，不苟言笑。堂倌站在殯儀禮堂中央，將聲線壓得扁硬，重覆著「一鞠躬，再鞠躬，三鞠躬」。

　　其實死亡相關行業的從業員又豈限於眼見的殯儀從業人員？除了家屬接觸到的不同崗位人員，例如堂倌、土工、靈車司機、殮房侍應生、營業代表、遺體化妝師、殯儀館員工、宗教人員等，大家亦可能忽略了某些崗位，例如旅遊巴司機、法醫、生死註冊處人員（入境處職員），乃至領事館人員及航空公司職員等。

1 堂倌

「有客到，上前行禮，一鞠躬，再鞠躬，三鞠躬，家屬謝禮。」堂倌工作看似簡單，其實內裏大有學問。在筆者二十多年接觸殯儀工作者的經驗裏，最年輕的堂倌不超過25 歲，最年長的已經有 70 歲高齡。雖然從事此職位的工作人員有如此大的年齡差距，但有一點是絕對的 —— 到今天（2022 年），堂倌仍然未見由女性擔任。性別歧視等原因不在本書的討論範圍，不過，其中一個原因是女性月事在傳統上有不吉利的寓意，為免家屬有所顧忌，女性出任此職位可免則免。

森仔是一名堂倌。「我本來是個貨車司機，在機緣巧合之下，經舊同學介紹做土工。做堂倌不用太多搬搬抬抬，收入似乎比之前做土工多，更重要的是比較大機會可做行街（營業員），有較多機會賺錢，於是日間繼續做土工，晚上兼職跟師傅學藝。學藝不到三個月，我已經可以肯定做堂倌比做土工輕鬆，不用太多體力勞動。」

做堂倌最大的壓力也來自家屬（客人）：「曾經試過一個主家內部不和，我成為磨心，正所謂『順得哥情失嫂意』，左右不是人，幸好我有過人的情緒控制能力，否則真的有機會同主家『開拖』。」說到這裏，森仔自豪於其天生好脾氣，

又懂得把握客人心理，以一句「以先人入土為安為重，之後大家再討論」，就化解了來自客人的刁難。

做堂倌要在靈堂打點一切，如製作紀念冊、靈堂佈置、上香、祈禱、引領擔幡買水儀式、協助燒衣紙等，更需要同行街（營業員）、土工、遺體化妝師、尼姑或神職人員，以及花店、紙紮舖等單位事先做好協調，免得工作程序受阻。雖然堂倌不一定要觸碰遺體，但若客人要求查核先人衣著、假牙、協助先人手執聖經等，此職位亦難免需要「落手落腳」。如果真的不能接受觸碰遺體，不能任此工作。

靈堂

堂倌通常在早上 8 時到殯儀館上班，或直接到各大醫院或公眾驗房做簡單儀式（行內術語「院出」），亦有可能到火葬場做十多分鐘的送別儀式。一個上午通常只可以做一單個案；除非時間上剛好可配合，而且禮儀地點鄰近，否則不可能一個上午做兩單或以上個案。

出殯儀式通常於早上 9、10 時左右開始，直至上山安葬或完成火葬，之後堂倌就會引領家人上大型旅遊巴回市區出席縭紅宴。此時堂倌便可休息午飯，下午 3、4 時再開始工作至大約晚上 9 時。由此可見，堂倌通常中午有三至四小時的午飯時間，情況就似飲食業的「落場」。問題來了，這段時間會如何運用？有人聚賭，一日輸掉了一個月薪酬，比比皆是；有人找朋友聊天；有人與行家聯誼，以便建立關係網絡。筆者更見過正職堂倌利用午飯空餘時間當輔警、的士司機等兼職，亦有回家照顧小孩、家人等。

堂倌冷知識

　　別小看區區一個堂倌，其實此職位可以主宰整個靈堂氣氛。有一回，靈堂上的死者只是一名 20 歲的大好青年，而且是家中的獨子。這樣的情況，即使父母在靈堂上大哭大鬧也算是正常的。但奇怪，死者父母喪禮當日一直非常平靜，而且表現非常得體，細問之下，原來堂倌有獨特技巧。

　　在「上房」入靈堂之前，年約 50 歲左右的死者父母在認領遺體當日哭崩殮房，進入歇斯底里狀態，身為工作人員的堂倌見狀心知不妙，明白到如果家人不能控制情緒，喪禮很難在平靜氣氛下進行，於是向死者父母勸說：「你們必須以平靜心情對待，否則死者心有不甘，捨不得塵世，遊走在陰間與陽間之中，不得輪迴。」一句簡單的說話，在此不談其真偽論說，但可以肯定的是令死者父母內心暫時釋懷了。

2 土工及靈車司機

「物流」在每一個行業都是不能缺少的，記得物流基礎課程第一課就是介紹其基本元素：資訊流、金錢流及物資流。

此節討論的靈車服務指在本港範圍內的運輸物流服務（涉及跨境的海外殯儀物流服務，參見第一章）。根據 2021 年 1 月香港運輸署數字，香港車輛領牌總數目為約 80 萬，當中貨車佔 118,000 輛，即 14% 左右。究竟靈車歸納在貨車還是特別用途車輛？在業界申請靈車牌照，其實只需要在輕型貨車類別中申請附加座位便可以成為靈車，沒有太大的限制。問題又來了，香港對於處理遺體有嚴格限制，非法處理遺體是刑事罪行，後果非常嚴重，靈車是否真的可以任意運輸及儲藏遺體？答案肯定是不可以。每次遺送遺體，必須有死者的移送證明書，否則會被視為非法運送。那麼業界會否為了方便客戶或遷就工序鋌而走險？答案同樣是否定的。萬一靈車遇上交通意外，牽涉人命，警察及消防一定會點算現場屍體數目，若果真的突然「多了」一具屍體，靈車司機及車主的後果非常嚴重。

土工及靈車司機日常工作究竟是如何的呢？以下是一個很典型的土工或靈車司機工作模式。土工或靈車司機早上

約 8 時在殯儀館（或殮房）開始工作，緊隨儀式需要將遺體從停屍間移到靈堂，蓋棺，將棺木運送到墳場或火葬場，大約 11 時左右便可以午飯；下午約 2 時到各大醫院殮房領取遺體派送往殯儀館，助遺體淨身，更衣，之後工作便交給遺體化妝師。土工工作時間一般比較靈活，相對各行各業的工時亦比較短，而且收入比一般行業前線員工較高，但每個工作日都跟殮房、殯儀館為伴，未必每個人都願意留在這個工作環境裏，而且要直接觸碰及搬運屍體，情況大家心中有數。

看到這裏，或者讀者會問為什麼將土工及靈車司機混為一談。原因是絕大部分靈車司機都會身兼土工工作，絕少只做司機而不兼作土工，與此同時，這份工作金錢待遇相當不錯。作為一名有經驗的靈車司機，除了需要非常熟悉各大醫院、殮房、殯儀館、火葬場、墓園及屍體轉運站地點外，更要懂得靈活應對各項禮節儀式程序，將遺體及儀式所需用品適時送到場地，最佳例子就是將鮮花收集籃放在靈柩上給來賓獻上，又或升棺儀式後，將棺面花環放在棺面上，令先人有尊嚴、體面地完成人生最後的旅程。

前文提及土工及靈車司機均需要直接觸碰遺體及靈柩，體力勞動難以避免。筆者曾到訪一間沒有升降機的教堂，土工們要四人一組把棺木抬上三層樓，一個堂倌同事在旁開路。雖然當時已經入冬，但四位土工同事都滿頭大汗。不單如此，要知道搬抬靈柩，遺體必然有所移動，在極速時間內，堂倌將家屬帶到遠

處，方便土工將遺體移正及補妝，免得家屬投訴。

　　故事仍未完結，千萬不要以為上樓搬運辛苦，其實落樓搬運更辛苦。在上輕下重、上推下拉的四人團隊中，如何配合、如何協調才是真正的考驗。試想想，萬一靈柩撞花、跌爛，莫說在家屬面前發生，就算家屬不在場也難以解釋，一旦客戶責難，後果可以非常嚴重。所謂「好事不出門，醜事傳千里」，要是這事發生，翌日整個行業都會竊竊私議，十年商譽毀於一旦。

靈車

3   殮房侍應生

殮房侍應生，又稱殮房助理或殮房服務員。儘管有機構美其名為「善終處理員」，其工作性質無異，主要都是推送遺體。工作包括：接收遺體、打包、按照指示掛上不同的識別屍牌及標籤、抬上雪櫃、從屍櫃取出送往認屍間或交給殯儀公司人員。當中亦包括保存及清理所有儀器及用具、點算其數目等。

殮房服務員的工作真的那麼簡單？當然不是，我們不能輕視遺體解剖助理的工作。試想要將一具已支離破碎的屍體拼湊回人形給法醫驗視，腦漿、眼珠要放在一透明膠袋中，光光是眼見的已經叫人吃不消，更何況要親手觸碰。筆者曾親眼見過一具上吊自殺後個多月才被發現的遺體，其臉部瘀紅、全身發黑，殮房侍應生要將其身體左右反側、上下調動給法醫官檢查，目的在於尋找身體所有部分的表面傷痕，之後要協助法醫官助理作解剖工作，那令人作嘔的氣味一生難忘。如果讀者略嫌文字形容太空泛，可以幻想將一件切片生豬肉放在床底一個月，在發霉及腐爛情況下直接放回雪櫃鮮肉格（攝氏 4℃）儲存一個月，正正就是這一種味道。

筆者曾經處理過一單屍體發現案，根據警方估計，死者已經死去超過一個月，在一間密封屋內被發現，死者家人都不是香港居民。筆者透過領事館資料找上門，發現屍體已經全身

發黑，面容不整甚至露出面骨，嘴唇完全腐爛露出一副牙齒，好不嚇人。屍體已經嚴重腐爛，肢體只在皮肉間連接，骨骼系統基本上已經全部鬆脫。作為殮房助理，要協助運送這樣的一具遺體給法醫官檢驗，真的是一個大考驗。別忘記，裹屍布亦開始腐爛，白色屍蟲在屍體上蠕動，蒼蠅不斷徘徊在屍袋外面，缺乏膽量和忍耐力也不能勝任。

面對這樣的工作環境和挑戰，其收入是否可觀？2021年在試用期內的新入職殮房侍應生月薪不多於 15,000 港元，試用期後加薪約 3,000 港元，仍然不足 20,000 港元，但為何仍然有年輕人願意入行？因殮房侍應生的員工福利不俗，包括僱員及其家屬均享有醫療福利、員工購物優惠，有與公務員看齊的大假、事假、侍產假或產假、交通津貼等。通常一段日子後，可晉升為殮房服務員，月薪由 20,000 至 28,000 港元不等，視乎不同機構的待遇。但要切記，殮房員工年中無休，輪班，不論是十號風球、黑雨警告，還是節慶晚上也可能需要當值。對於學歷不高，但又追求收入穩定、附帶員工福利保障的人士來說，殮房侍應生是一份不俗的工作。

殮房侍應生亦可以轉職殮房主任，尋求更好的發展和機遇。殮房主任屬於文職工作，不需要參與太多直接觸碰屍體的工作，而且月薪一般在 25,000 至 33,000 港元之間。更吸引的是，主任一般不用輪更工作（當然直接入職殮房主

任的職員亦可能要輪班工作）。有待遇必定有要求，現今香港社會學歷膨脹，雖然明文規定大專學歷已經可以投考殮房主任，但現實要升職到主任級別，通常都要大學學歷，而且必須有相關經驗，所以從殮房助理開始入職會有優勢。順帶一提，所有殮房侍應生轉職殮房主任，須通過公開招聘入職，內部沒有直接晉升的制度，因一個是操作員職級，另一個則為文職系統。

以筆者經驗，殮房工作人員比較沉默寡言。可能工作性質關係，很少見有談笑風生、富幽默感的職員。

堅尼地城的域多利亞公眾殮房

殮房侍應生一般沒有很高學歷，筆者認識的一個二十來歲年青人，絕對是例外。這位年輕人並不是筆者在職場上認識的，而是筆者朋友的兒子。事緣筆者有位相識二十多載的好朋友，在閒聊間知道他兒子正在英國修讀防腐師專業資格。因平日的殯儀工作常常跟防腐師打交道、並肩工作，於是相約晚飯交流。

鄭文翰（Nick）才二十多歲，擁有香港浸會大學公共事務倫理學文學碩士學位（M.A. in Ethics and Public Affairs）。2018 年，24 歲的 Nick 是香港醫管局轄下瑪麗醫院歷年來最年輕、學歷最高的殮房病人服務助理，負責遺體清潔及處理、搬運及儲藏。殮房內的遺體輕則二、三十公斤，重則超過一百公斤，以他的身型有時也要非常使勁才能搬動，一點也不容易。

他回想入職當日，主管多次善意提醒不是人人都適合擔當殮房職員，切勿抱玩票心態，免得員工及僱主都浪費時間。這個倒非難以理解，有誰相信一個學歷高又年青的小男孩願意做這些厭惡性工作？入職第一天的第一項工作，就是直接處理一具在病房中去世的遺體。死者大約不到 30 公斤，可能因久病之故，面容凹陷，雙眼因肌肉收縮導致睜開，彷似有點不甘心。身體骨瘦如柴，頭髮幾乎完全脫落，肋骨瘦得看似外露，下身穿著一條似乎不太稱身的成人尿片，尿片內隱約滲出陣陣惡臭，脖子掛了一條頸鏈。可能因臥床太久，其背脊已經紅腫潰爛，皮膚脫落。第一個工作日的黃昏，他獨自在醫院職員餐廳用膳，反思工作上的考驗，不斷思考人的生命真的這麼脆弱、無助的嗎？死者父母當時在場，時而呼天搶地，時而嚎啕大哭，時而悲鳴啜泣，兩老身體抖震，不斷埋怨癌魔把一個六十多公斤的年青人折磨得不似人形，似內疚，又似埋怨，確實令人感觸良多。

　　人生必經生離死別，Nick 雖然年青，卻似比常人看得更透徹，然而他不希望人生就此變得麻木。接收遺體有一定程序及指引，不能輕率更不能欠缺對先人的尊重。先基本潔淨遺體，將其身上所有飾物除掉，記錄後交還家屬，亦必須檢查所有人體孔道有否妥善處理，包括鼻孔、耳孔、口腔以及手術開刀造成的孔道，甚或女士的陰道。如果有傷口且情況不太理想，例如持續流血、流膿等，則需要處理好方可以放進屍體冷藏箱，以免遺體情況惡化，出現皮膚潰爛、肌肉萎縮以及引來大批蒼蠅、昆蟲和屍蟲等情況。每個機構都有自訂屍袋，將遺體用白色裹屍布包好，帶上無線射頻身分識別（或稱感應式電子芯片、感應卡、非接觸卡），電腦就會自動記載所有資料，包括儲存日期、位置、病人資料、家屬聯絡方法等。

　　殯儀公司及家屬領取遺體即認屍手續，非常嚴謹，先人身分證明、家屬（辦理人）身分證都缺一不可。曾有家屬忘記帶死者身分證而耽誤了三小時。殮房堅持要核對身分證正本，這做法絕非留難，而是法例規定及醫院程序。在領取遺體過程中，家人必須核對遺體樣貌及無線射頻身分識別手牌，且確認無誤。根據 Nick 的經驗，每名家屬對認屍程序都有不同的反應，有人非常仔細檢視，甚至有家屬要求從屍體口中取出假牙以證明其身分，查證屍體紋身、義肢等亦非常常見。更多的是家屬非常恐懼，未敢正面看遺體一眼，只想盡快完成整個認屍程序。

驗屍房實景

談到認屍手續,筆者曾處理過一單認屍兩次的個案。奇怪事每天都在發生,但要再次進行認屍程序,確實非常罕有。這是一宗屍體發現案,死者為非華裔人士,沒有固定居所,警方初步估計死者死去已經超過一個月。死者身邊沒有手提電話,只有不到一百港元及一張非常殘破的身分證。在多方追查後,好不容易找到死者一名朋友的資料。屍體送到公眾殮房後幾天,由該位朋友協助認屍,但他不斷向警方及殮房重複與死者只是普通朋友關係,並沒有任何血緣和親密關係,認屍後殮房就沒有發任何文件予他。同時由於這是一宗屍體發現案,警方必須將死者身分證交往證物室。及至筆者接受了委託,辦理這單空運遺體運輸個案,才發現當時的認屍程序出現問題。殮房方面要求警方找到家屬或委託人士;警方亦因死者家屬所在地與香港有時差,溝通出現問

題，例如辦工時間、休假日及領事館等不同因素，花了好一段日子才終於收到家屬關係證明及委託文件等。由於當時殮房並未發出任何認屍文件，最終要警方派員帶齊所有正本文件及筆者公司的家屬委任文件再次進行認屍程序。

殮房用作盛載屍體的屍床，可電子操控屍床高低

4　遺體化妝師

網上有這樣的文章報道：

坊間有說應徵遺體化妝師的方式頗為特別：

1. 師傅會安排你連續三日、每日由黃昏約 6 時 30 分至凌晨 12 時 30 分不等，於一個停屍間內坐著；

2. 停屍間內空間小，房內只有你、遺體、一盞油燈、一張床和一部冷氣（師傅只會間中入來視察一下）；

3. 這三日過後，師傅會「觀察」你接下來七日的反應。

大部分人都會出現無故嘔吐、發燒、惡夢、暈眩或大病等等無法解釋的症狀，如有以上「任何一種」反應，表示你陽氣不足、正氣少、殺氣低，生辰八字、五行受不起陰氣及靈氣磁場。

反之，若接下來的七日你依然吃得下、睡得著，無甚不妥，那看來你是過關了。

筆者認識的三十多位遺體化妝師都沒有以上經驗，包括擁有三十多年經驗的大師傅，乃至新入職三個月的徒弟。

　　如果真的有興趣入行，該如何申請？待遇和工作時間、工作地點？有否年齡、性別的限制？學歷有什麼要求？最重要的，金錢報酬有多少？要知道遺體化妝師的工作非常冷門，不論是殯儀館或殯儀公司、醫院殮房等都從來沒有公開招聘這個職位。要入行必須由相熟朋友介紹，或從殯儀行業周邊職位入手。

　　小雯（化名）自從 19 歲結婚後，就過著少奶奶生活，在職場上可謂零經驗。自小貪靚喜歡化妝，平時除了照顧小朋友外，唯一的興趣就是裝扮自己。在八年婚姻裏，頭五年滿是幸福，羨煞旁人。但好景不常，及後她發覺丈夫生活習慣有點異常，經常早出晚歸，她開始有點怨言；之後丈夫變本加厲，每逢星期六、日必定外出，每星期一小吵，每個月一大吵。有一天買菜回家後，屋內亂七八糟，她以為家中遭爆竊，慌忙過後，才發現丈夫寫了一封信放在梳妝枱上，內容大致是他已有所選擇，希望夫妻間不再糾纏，以後能老死不相往來。晴天霹靂，在極端徬徨之下，她曾經想過自殺，但望著床上的三歲女兒，又覺得天何太忍。在這事發生前，小雯連繳電費、水費也從未處理過，更何況要獨力照顧一頭家。

　　天無絕人之路，小雯四出尋找工作，在一家公司求職時與小學同學相遇，相約見面茶聚後，其得知小雯急需現金支付家中各項開支。小雯學歷不高，近乎零工作經驗，又要兼顧家庭，同學便介紹了一位任職殯儀服務業的朋友給她。小雯入職紙紮舖做

雜務，紙紮舖負責人在言談之間得知小雯家中情況，然而雜務職位薪金不能支撐其家庭日常支出。小雯表示不怕直接觸碰屍體，於是負責人幫她聯絡遺體化妝師大鳳姐（化名），相約翌日見工，地點是大圍富山殮房。

紙紮禮品

遺體化妝跟一般美容顧問化妝有很大分別，不論在化妝物料、上色技巧、清潔等方面都完全不同，而且用家不是你的顧客，情況就好像小朋友買玩具，用家是小朋友，但其父母才是顧客。在殯儀化妝師職位上，經常遇到家屬的諸多要求，有時甚至橫蠻無理，需要盡量體諒家屬心情，極力遷就及配合。每一句回應說話，都可能挑起家屬情緒，所以不但要有耐性、同理心和高超的化妝技巧，對顧客心理的了解和語言藝術亦非常重要。

　　小雯戰戰兢兢，準時到達富山殮房見工，坐在大堂久候了二十多分鐘仍然未見大鳳姐，但又不敢致電催促，惟有再等。終於收到大鳳姐來電，解釋剛剛因一宗個案的家屬遲到，所以工作都延後了。大鳳姐一聲抱歉也沒有，小雯心裏好不難受。跟隨大鳳姐到停屍間，「陰風陣陣」，燈光有點昏暗，而且四周無人，確實有點不習慣。為表誠意，小雯主動協助遞上化妝用品。

　　大鳳姐：「妳跟著我先做學徒三個月，第一個月無薪，第二、三個月有交通津貼。如果我覺得你沒有問題，第四個月開始分配工作給你。我們這行業特色是以件工計，有工開就會有錢平分，沒有工作就沒有收入。沒有人知道你什麼時候需要工作，通常一般在三、四日前預先通知你。平均一星期大約有十單生意，但沒有人可以保證。最早的話，早上 6 時已需要到達工作地點，最遲則可能晚上 10 時放工。我們會盡量安排同一區工作，有時在紅磡，有時在沙田或其他地點，不可自己選擇。」

　　「好景的時候，你可能每星期會有幾場工作；亦有可能整個星期都沒有工作。每件拆六成給你，一般人初入行月薪都是三萬元以下，做久了當然會有更高報酬。當然亦要視乎你的技術及待人處事。主人家的『利是』你可以完全收下，不需要回饋公司，所以口才非常重要。還有什麼不明白的地方？」

　　小雯問：「我只有中一學歷，沒有什麼工作經驗，你會考慮嗎？」

「我只有小學畢業，你有中一程度已經很好。我們這一行最重要是誠信，沒有人會問你是什麼學歷，工作最重要有責任心，千萬不要一去沒蹤影。客人放心將工作交託給你處理，你必須用心做好，絕對不可以馬馬虎虎。假若客人或者行家對你留下壞印象或種下壞口碑，沒有公司或客戶會再僱用你。」

小雯問：「我需要簽僱員合約嗎？」

「不需要呀，因為我與你之間沒有僱主與僱員的關係，沒有勞工保險，沒有長期服務金，更加沒有遣散費。每人都是這樣入行，不過請你不用擔心，我的徒弟，當中大約八成已經成功自行置業，不用靠別人，獨立生活。」似乎一言驚醒夢中人，小雯同意明天立即上班，並安排親人代為照顧女兒。不過她也明白到第一個月是無薪的，可能要捱一段時間。

小雯好不容易捱過三個月，為可以獨立工作感到興奮。其實在第二個月，師傅已經讓小雯自己動手，並教授她一些禁忌，例如千萬不要讓客人知道自己來月事、收「利是」不說「多謝」、不可以在客人面前談笑風生等。直接問及死者死因更是大忌，死亡證上面已經清楚註明死因，根本不需要追問。

　　日常工作中，小雯每天早上 6 時左右起床，安頓小朋友後，7、8 時左右出發至工作地點，視乎工作地點距離家有多遠，遲到會連累所有工作人員，包括土工、堂倌、行街，被家屬當面斥責，必須預早半小時到達工作現場。一天的工作安排緊迫，一個早上可能已經要去數個地點跑個不停，例如早上 8 時到紅磡，10 時到寶福山，中午 12 時到西環殮房院出。

　　早上的遺體化妝工作多是執漏修補，一般比較輕鬆，而正式工作通常在下午開始，因為遺體一般在下午 3 時左右上房（殯儀館靈堂），土工幫先人淨身、穿衣後，遺體化妝師才開始工作。處理一具遺體化妝平均需要 45 至 60 分鐘，完成後土工將先人遺體搬放到靈堂後的停屍間以讓家人供奉。假如當天只有一兩單個案，可能早上 10 時半已經可以休息，至下午 3 時才再上班，6 時左右下班。當然要視乎每日工作安排和地點。

　　在殯儀館有個鮮為行外人知道的概念 —— 安排「過境」，意思指送殯通常被安排在早上 11 時前，殯儀館在下午 3 時後才交場地給下一個主家，那麼在 11 時至 3 時之間很多禮堂都會空置。就此，有些客人因各種原因，例如遷就飛機時間，利用這個空檔期做儀式，既可以節省金錢，又可以遷就航班時間，只不過沒有守靈、出殯等儀式。對於遺體化妝師，一宗「過境」個案非常吸引，因為既可多賺，又可以填補工作時間，不用東奔西跑。

　　大家是否認為遺體化妝師清一色是女性？答案肯定不是，

現今香港社會講求效率，如果客人受成本所限，化妝工作通常由土工兼職，當然收費和手工都不能與專業的遺體化妝師比較。

在此可以跟大家分享遺體化妝師的工作程序。接到遺體後，首先要用白電油（化學名詞為正庚烷，用途為擦洗後不損傷表面而且留下光澤）清潔先人臉部，用水抹去血跡、分泌物等。如果眼皮未合攏，要用油脂滋潤眼皮，嘗試把其合上，要是遇上困難可用膠水將之黏合。之後上粉底，輕輕掃上胭脂，清潔牙齒、口腔，塗上唇膏。人過世後，血液循環就會停止，面青唇白是正常的情況，無論先人性別，一般都會塗上唇膏。最後，用髮蠟整理頭髮。以上是一般工序，若果遺體已經出現透明液體分泌（簡稱「潺皂」），雙唇瘀黑，甚至面部潰爛，就得細心修補。

其實遺體化妝師經常獨自與遺體共處，必須靜心和集中精神，以達最佳效果。小雯透露，她經常與先人「傾偈」，以平靜心情，她甚至覺得先人有聽覺。一次，她幫忙化妝的遺體是位五十來歲的女士，身體繃緊、面容扭曲，看似有點不甘心這個年齡就要放下子女。於是她輕聲跟先人說一些安慰說話。不知道是否冷藏後的物理變化，遺體慢慢變得放鬆、自然。其實這些都不太有關係，最重要是問心無愧，工作有意義，才可令先人及其家人都安心，有尊嚴、莊重和體面地跟塵世道別。

　　遺體化妝需要什麼化妝品？由於化妝對象是死人而不是活人，儘管你願意花費昂貴成本買高級化妝品，也未必適合屍體使用。那麼有什麼標準呢？其實非常簡單，遮瑕力強的化妝品就最合適。遺體化妝不能太過浮誇，但妝亦不能太淡，由於遺體的皮膚可能已經出現變異，所以一般女士用的化妝品未必合適，反而遮瑕力強的化妝品是首選。

遺體化妝師的化妝箱

　　隨時代轉變，近年有相關機構提供專業殯儀課程，傳授香港殯儀業基本知識並提供實習考察，志在培育有意投身殯儀業的人士，進而紓緩行業「青黃不接」的現象。而由學徒晉升至資深化妝師，一般需三至五年不等。

　　而現今社會風氣跟以往有別，很多長者不怕禁忌。時有一些出席喪禮的長者會主動向殯儀人員查詢甚或交代自己後事的安排。據說行內的從業員也會預先向同業或徒弟交代自己的後事。遺體化妝師其實除了以尊重的態度照顧往生者儀容外，可以讓留下來的親友見到逝者面容安詳，是這份工作的另一大意義：「能勝任這份工作的人讓人敬佩」；「女生力氣要很大，不然根本扛不起來（屍體），還有怕髒、怕臭、嫌東嫌西的都不要來」；「雖然我很怕，但對這工作還是很有興趣」；「辛苦了」；「不僅要克服心理壓力，也要有無私的勇氣」。

5　殯儀從業員生活潛規則與冷知識

拜年禁忌

　　每年春節，大多殯葬從業員到親友家拜年，知道對方家中有年老長輩時，都會提前溝通，了解對方意願才登門造訪。有較年輕的殯葬從業員指，大多數同輩朋友則沒有什麼避諱，百無禁忌。

　　然而死神並不休假，新年時長生店仍然會照常營業。大部分的長生店都不會開全閘，只開半閘，旨在告訴街坊店內有人，而店內亦會用毛氈蓋住棺木，免得路人經過見到一副副棺木，不吉利。

不能探病

　　傳統上從事殯儀業不會探病。不過現今已經甚少有人遵守這些禁忌，特別是新入行的年輕人，一般而言其同輩朋友對此都不再禁忌。

不會主動跟人握手

　　殯儀從業員不會主動與剛認識的朋友握手。由於殯儀業界始終是比較冷門的行業，未必每人都接觸過。有人甚至對殯儀業從業員有所誤解，認為每個崗位都要接觸屍體。大眾不明白是可以理解的，所以殯儀業從業員一般都不會主動跟剛認識的朋友握手。

收「利是」不說「多謝」

　　在傳統華人的觀念中，死者跟世界已經互不相欠，先人可以沒有顧慮地進入另一個世界，所以殯儀行業沒有饋贈的觀念。如果收到打賞，亦不會說「多謝」，免令先人走得不安樂。

第六章

殯儀相關
的行業

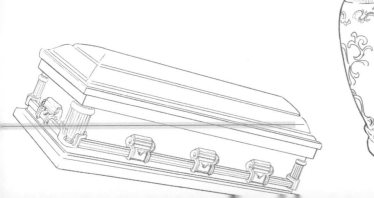

　　每當至親離世，家屬第一個接觸的殯儀工作人員，就是協助籌辦和統籌葬禮工作的殯儀營業員（俗稱行街）。殯儀這個行業，除了主要以長生店為主軸之外，周邊亦有其他行業作出配合。

　　這些行業，例如：製作墓碑和骨灰盅的石廠、提供喪禮儀式場地的殯儀館、提供靈堂裝飾佈置的花店、提供道教祭品供奉先人的紙紮舖、提供先人穿著物資的壽衣店、提供賓客接載運輸的旅遊車公司、提供膳食的酒樓餐館，以及不同宗教服務團體及禮葬服務人員如牧師、神父、尼姑、道士等。最後，亦有一類殯儀業的服務公司常被忽略 ── 那就是空運遺體公司（參見第一章）。

　　由於篇幅有限，本書不能討論每一個配合行業，在此先討論一些有比較豐富資料的，且與殯儀直接相關的行業。

1　石廠、骨灰龕場

石廠，顧名思義是打造墓碑的工廠。但事實上今天的石業已經不單單製造墓碑，工程包括：山墳墓碑、骨殖、骨灰龕位、石碑安裝、紀念花園石碑安裝、撿拾骨殖（執骨）、墓碑翻新及搬遷、火化或土葬等之相關服務和產品。

墓碑

墓碑是人過身之後最具體且可表達其「存在感」的物品。碑文主要列明死者姓名、出生年月日、逝世日期、功銜、後人姓名及與死者關係等等，內容亦可能因應各鄉習俗而有所不同。一般傳統祖墳墳面有三塊墳墓碑，石碑呈長方形；而近代墓碑則多是以一塊垂直長方形為主的石碑。

香港常見的
山墳墓碑

骨灰盅

由於玉石乃天然石材，每一個都具有獨特石紋，除了低價仿雲石盅外，沒有一個骨灰盅是相同的。上等骨灰盅主要以天然青玉、黃玉、紫玉為原材料。

骨灰盅以銅心玉盅、佛教經文盅、基督教經文盅、天主教經文盅、黑麻石經文盅最為流行。石廠骨灰盅貨源大部分來自南中國各地，至於雕刻工序也早已數位化，只有小部分用人手雕刻。

骨灰盅外形（流線形及直身形）

西式高級骨灰盅，價錢由幾千至幾萬港元不等

撿拾骨殖（執骨）

拾骨葬，俗稱撿骨，在香港稱為執骨，是一種二次葬（復葬或遷葬）的埋葬方式，廣泛見於東亞各區域。在仰韶文化中流傳已久，常見於華南地區、東南亞部分地區等，現時閩海人（閩南

人、閩東人）、廣府人、客家人、琉球人等仍使用這種特殊
的葬禮方式。

在香港，石廠專門負責替先人打造墓碑。香港的非永
久土葬墓地一般有六至十年限期，到期而未能續約便要把
骨頭撿起來，而石廠工作也包括「撿骨」、「再下葬」等。
作為專業的石廠師傅，必須要將先人屍骨整齊且有尊嚴地下
葬。專業的石廠工藝師，基本上手拿任何一塊人類骨頭，就
能知道其屬人體哪個部位，並且絕不會混淆左右（肋骨）及
上下倒置（大腿、小腿脛骨）。

香港的非永久土葬墓地要定期開棺執骨，以騰出位置
予其他土葬輪候者，並在處理骨殖後遷移至「金塔段」永久
安葬。

執骨程序必須依程序有條不紊地完成，絕不能粗心大
意。首先將墳墓打爛，但墓碑則要保持完整。挖開水泥地及
泥土，用鋤頭打開臭氣薰天的棺材後，先檢視遺體是否已經
完全腐化；如果遺體仍然未完全腐化，需要再次蓋棺填回泥
土，等大約一年半載後再重新開棺。不過，根據現時食物環
境衛生署的條例，執骨師傅需要獨立呈交大腿骨、盆骨和胸
骨給署方檢驗，證明是完全化體才可以繼續執骨，所以某程
度也打破了老執骨師傅以往的習慣。

　　如果遺體已經腐化，便可以開展徒手執骨工作：用尼龍袋將所有骨頭執好，小心點清骨頭數目，一件也不能遺漏 —— 要知道在泥濘及陪葬壽衣混雜的環境中，一件細小如手指骨般的骨頭也不能遺漏，確實並非易事。

　　搬回工場後，清除骨頭餘肉，尤以大腿骨頭筋帶最難清理。之後進行去蟲處理，有業界用九江雙蒸酒漂白及清洗骨頭，在陽光下風乾大約一兩星期，目的在於去除味道及增加光澤。為女性先人洗骨要特別小心，因為曾生育的女性骨質密度較低，如果骨質疏鬆再用酒精清洗的話，一捏就會碎掉，變成粉狀或碎片。

　　最後一步就是將骨殖砌回生前的形狀。安放先人骨頭有一定步驟。首先在金塔底部砌好盆骨（由三塊骨頭組成），膝蓋和鎖骨最易分辨，之後將所有小的骨頭放在盆骨內側，椎骨砌成站立狀，肋骨要分左右，大腿骨、小腿骨垂直擺放，前臂骨、臂骨以十字形似翹手搬擺放，最後放頭顱骨。

　　一般成人有 206 塊骨頭，新生兒有大約 300 塊。由於有些頭骨會隨年紀增長而接合，因此成人骨骼數少一兩塊都是正常的。另外，成人有 28 至 32 顆恆齒，多出的一般稱為智齒，小孩乳齒 20 顆。骨與骨之間的間隙一般稱之為關節，除了少部分的不動關節可能以軟骨連接之外，大部分是以韌帶連接起來的。關節可分成 (1) 不動關節、(2) 可動關節，以及難以被歸類的 (3) 少動關節。

　　坊間傳說有「養屍墓地」：由於土質密度適合埋葬遺體，沒有地下水滲透，不利蛇蟲鼠蟻等居住，葬在此等墓地的先人肉身不會腐化；如氣溫及濕度長期處於清涼及乾爽，有些屍體甚至可埋葬一、二百年仍然不腐不朽。據筆者在香港的經驗，有個案是屍體下葬後二十多年仍未腐化的，誇張一點說，除了遺體和衣物變成深褐色外，臉容及身體跟入殮時分別不大。這亦可能跟棺木木質優良有莫大關係。曾經有一先人葬於銅棺，七年後開棺，整個身體及五官依然清晰可見。

　　此外，有些骨殖泛金黃色、偏橙色、暗藍色，甚至有晶體出現（俗稱「鬼火咁靚」）。究竟有什麼原因令骨殖呈現這些奇怪色彩，甚至同時出現幾種顏色？其實，若先人生前因長期病患而長期服用有磷酸、硝酸、鈣、鎂或矽等成分的藥物，又或死後曾注射福爾馬林防腐針等，均可能導致化學物質積聚體內，胃酸無法分解，內臟產生保護性，同時令遺體很難腐化。曾有個案需要將整副內臟從屍身腹腔拿出來，那股濃烈氣味永世不忘。

如何處理及申請起骨執葬事宜？

　　根據現行規定，安葬於公眾墳場滿六年的遺體，必須撿拾骨殖。遺體土葬六年後，申請人須填寫「申請遷移或撿拾骨殖許可證」表格（FEHB148），並帶同與離世者關

係的證明文件（如未能出示文件，則須在食物環境衛生署港島或九龍的墳場及火葬場辦事處宣誓），到食物環境衛生署港島或九龍的墳場及火葬場辦事處申領「遷移或撿拾骨殖許可證」（FEH(L)86A）。辦事處地址分別如下：

- 香港跑馬地黃泥涌道 1 號 J
- 九龍紅磡暢行道 6 號地下高層

在撿拾骨殖後，有關墳場辦事處會將「起回骨殖授權書」（FEHB150）發給申請人，該文件適用於骨殖火化、重葬於公眾墳場、重葬於私營墳場金塔地或安放於私營墳場骨庫。若在期限屆滿時親屬仍未為先人「執骨」，食物環境衛生署會在憲報及報章刊登有關移走棺葬墳墓滿六年的遺骸的公告，並發信通知仍未撿拾骨殖的有關人士，要求他們盡快於指定限期內撿拾骨殖，否則食物環境衛生署會代為撿拾，並將之火化，然後把骨灰安葬於沙嶺墳場公墓內。

如遺體安葬於私營墳場，或葬於墳場以外地方，可到食物環境衛生署的官方網站查閱撿拾骨殖的細節

骨灰龕位

食物環境衛生署 2022 年的資料顯示，在其管理的轄下場地設有骨灰龕位：

- 鑽石山靈灰安置所

- 哥連臣角靈灰安置所

- 和合石靈灰安置所

- 富山靈灰安置所

- 葵涌靈灰安置所

- 曾咀靈灰安置所

- 黃泥涌道靈灰安置所

- 長洲靈灰安置所

- 坪洲靈灰安置所

- 南丫島靈灰安置所

- 禮智園靈灰安置所

先人必須要符合下列其中一項資格，才可申請將其骨灰放在食物環境衛生署的靈灰安置所：

- 先人逝世時是香港居民，而遺體於死亡後三個月內在食環署的火葬場火化；或

- 先人在逝世前的 20 年內，有最少 10 年是香港居民，而遺體是在香港以外的地方火化的；或

- 先人的骨殖是得到食環署批准才執骨，而骨殖是在食環署的火葬場火化。

食環署骨灰龕位的類別：

- 標準骨灰龕位，可放多於兩個有親屬關係先人的骨灰龕。

- 大型骨灰龕位，可放多於四個有親屬關係先人的骨灰龕。

　　有親屬關係即是指首位安葬的先人的配偶、父母、兄弟、姊妹、配偶的父親、配偶的母親、媳婦、女婿或父系或母系直系後裔。食環署已於 2014 年 1 月撤銷公眾骨灰龕位安放先人骨灰的數目上限。經申請並獲批核後，與首位先人有近親或密切關係先人，其骨灰可安放於同一個公眾骨灰龕位。

未使用的骨灰龕位　　　　使用中的骨灰龕位

所需文件：

∘ 申請人的身分證（副本）；

∘ 先人的身分證（副本）；

∘ 先人的「領取骨灰許可證」，即骨灰紙（正本及副本）；

∘ 如同時申請安放多於一位先人的骨灰，須提交先人關係的證明文件（副本），如無法提供有效文件，可在墳場及火葬場辦事處宣誓；

∘ 如申請離島的骨灰龕位則須具備離島鄉事委員會的證明信，以證明該先人合乎資格。

申請加放骨灰甕需同時留意，申請人必須為該靈灰龕位的持證人，不過：

- 如持證人因事未能親自辦理手續，可書面授權他人代辦申請手續，獲授權人士在辦理申請時要出示授權書；
- 如持證人失去聯絡，而持證人的親友欲辦理龕位加灰手續，親友須提交未能與持證人聯絡的證據，或到墳場及火葬場辦事處宣誓；或
- 持證人已去世，其後人可帶備持證人的死亡證或其他證明文件到上述辦事處宣誓，辦理繼承灰位及加灰手續。

2022 年食環署骨灰龕位收費表

標準骨灰龕位	每 20 年 2,400 港元	續期每 10 年 1,200 港元
大型骨灰龕位	每 20 年 3,000 港元	續期每 10 年 1,500 港元

隨著 1980 年代經濟起飛，香港社會及文化的急劇變遷，安葬的方式亦出現了重大變化。入土為安及保存全屍是至孝的最具體表現，對於先人死後不能入土視為至大不孝。但由於香港缺乏土地及殯儀業沒有可持續性發展的政策，香港現存的骨灰龕場地零散於不同地區，而政府管理的骨灰龕場遠遠求過於供，私人骨灰龕位應運而生，甚至出現高價炒賣現象。私人骨灰龕場會出現在工業區，甚至鄰近住宅區，它們以商業為本，謀取利潤理所當然，同時成本及服

務亦必須具競爭力。香港主流安葬活動方式已逐漸由土葬改為火化，骨灰應該盡量放在一個環境清靜自然的地方，道觀、宗教靈灰龕樓、廟宇和骨灰龕堂都是理想的選擇。

墓穴及骨灰龕位風水學

談到墓穴、骨灰龕場地，難免要提及香港華人普遍相信的風水議題，且在此簡單討論陰宅。風水學上，墓穴和骨灰龕要注意坐山向水，聞說優越的座向會為後人子孫的發展帶來福祉，祝福後人順風順水。墓穴從取山到水為主軸，吸收靈氣聚財富，為子孫後代帶來繁榮，世代富裕。若墓穴方向坐山向水坐「側位」，則會以偏財運為多，後人可能做比較偏門行業，不務正業；如果先人為中國女性，風水指其後人多為偏房。

其次，墓穴和骨灰龕位的位置以有足夠光線為佳，黑暗、陰暗代表寸草不生、了無生機，蛇鼠都嫌棄，冤魂不散，死氣沉沉，對後人子孫健康發展產生負面影響，絕對不是最佳選擇。骨灰龕忌靠近樓梯、升降機等門口，皆因氣流直衝脈衝，難以聚財。同時應避免當風方向，否則吹散家庭團圓機會及後人難以當官晉爵。

骨灰龕位置切忌靠近底層，避免潮濕影響骨灰儲存質素，導致發霉，可能令霉氣纏繞後人。忌靠近人體腰以下高度的位置。骨灰位不宜靠近香爐，避免薰煙令靈牌容易薰黑；亦應避開洗手間，免得臭氣薰天，不利生者及先人。

2　棺木供應商

　　本書的主題是「殯儀」，談到殯儀服務業，「棺木」當然不能不提。在一般香港市民心目中，棺木可能是令人厭惡的。筆者在進入殯儀行業之前，跟很多人一樣對棺木非常厭惡，但隨著日子過去，對它有了極大的改觀，從厭惡進化到有研究興趣，誇張一點來說，甚至會以工藝品角度研究。

　　本書的研究範圍只限於香港，皆因世界上有無窮無盡的棺木外形和材料，如果作詳細討論可以獨立成書。本章的討論範圍，只包括香港現今可以提供的款式和型號，並提供一些相關資料以增大眾知識。

　　棺木有非常多別名，棺材、壽棺、棺槨、棺柩、壽板、壽木、四塊半、四快版或四塊版，用以裝載收斂屍體以供入葬。「槨」是棺木外之套棺，非一般大眾市民能負擔得起。「靈柩」是指裝著屍體的棺木，以前皇室貴族用的棺木專稱為「梓宮」。

棺木材料

　　棺木可以由不同的物料製造，最常見的棺木以木製

造，又有以銅、石等製造，近年亦有用紙製的環保棺木。一些名人逝世之後，例如政治家、革命家、富商等，會特別訂製棺木，如水晶棺、金絲楠木棺或純金棺等。

在香港常用的棺木，絕大部分以木材為主要材料。最經濟的是雜木，厚薄不均勻而且木紋不一致，所以價格最便宜。另外亦有松木、杉木、香柏木、楠木柚木、金絲柚木、沙比利木、橡木、水曲柳木、泡桐木、梓木、花梨木、胡桃木等；但夾板木就不可製造棺木，只能用作包裝棺木作空運出口用途。

棺木

棺木款式

‧中式棺木

非永久性墓地通常設有六至七年的期限，每到期限便要續約。若選擇土葬先人在非永久性墓地，期限後需要執骨移遷至金塔段再落葬。這類型的土葬可以選擇一些能在泥土裏存放約十年

的棺木。這種棺木一般用於土葬，表面仿照天然木紋，外表充滿中國色彩，以實心木製成，重量比較重，多以楠木、櫸木、杉木及雜木製造；較豪華款式則多以柏香木、花梨木和橡木為主。款式分八字底（平底）、蓮花底（圓底）、行台、抖板幾種，一副棺用四塊長板，加頭尾兩塊細板構成，故稱「四塊半」。2022 年，中式棺木價格由一萬至一百二十萬港元不等。

在高級貴價中式棺木系列中，七星板是一件重要配件，通常以一整件高級實木鑽上七個孔洞，用作隔離屍體流出的液體，保持屍體乾爽，延長保存時間。

「七」這個數字源於《易經》：「反復其道，七日來復，天行也。」「七日來復」之說，揭示了天地陰陽的循環規律

七星板

及人體的節律變化。七星板以杉木、柏香木為材料，量度棺內可容之尺寸，置於棺蓋之內，板上鑿有七個大小如銅錢的圓孔，刻視槽一道使七孔相連，所以稱作七星板。七星板板上鑲嵌著圭、璋、璧、琥、璜、琮等「六玉」，以示吉祥。

· 西式棺木

以雜木製為主，多用於火葬。西式棺木裝飾變化較多，棺木雕上花紋，貼上宗教圖案，例如耶穌像、十字架、《最後的晚餐》圖等，更可加裝長抽、短抽、四抽、六抽等手把。可以加上柱狀裝飾、立體十字架護角、花瓶護角等包角裝飾邊。外形以欖箱、羅白箱、圓梗蓋方箱、包角、馬肚形、鑽石及欖形箱不等，平頂蓋面，兩邊多鑲有裝飾手抽。若死者是天主教徒或基督教徒，或進行火葬，家屬多選擇西式棺木。

西式棺木亦可能附帶金屬手柄或者金屬雕刻裝飾，若作火化，金屬物料或不能完全燒毀，燃燒時間較長，故建議家人選擇一些沒有金屬物料裝飾的款式。2022 年，西式棺木價格由六千至百多萬港元不等。棺蓋裱布款式多以銀白色、白色、黃色、灰白色、紅色和香檳金色為主。

· 童棺

以嬰兒棺和兒童小欖箱為主。外形和顏色與一般棺木有分別，以鮮藍色、粉紅色、銀白色和白色比較常見。2022 年，童棺價格由五千元至一萬多港元不等。每當處理童屍或嬰屍的個

案，不期然會令人感嘆人生苦短！

其實童屍和嬰屍比較容易處理，重量輕、體積小，但面對的最大問題，是如何處理家長的情緒。試問懷胎十月，小朋友出生不久就要面對別離，豈能無動於衷？記得有一次，一位母親抱著嬰兒的屍骸，沒有嚎啕大哭，只有啜泣，外人亦可感覺到那種傷痛。

數年前一宗交通意外，一位年輕母親和只有幾歲大的小朋友同在車禍中喪生，家屬的感受旁人視之甚明。雖然家屬多次哀求母子同葬一副棺木，外人亦非常理解其悲痛和不捨，但礙於法例，兩具屍體不容許放在同一副棺木內。在靈堂上眼見一大一小棺木，那種悲哀簡直撕碎了每個人的心靈。

棺木製造商的來源地

「住在杭州，穿在蘇州，食在廣州，死在柳州」，廣西柳州是一個主要的木材集散地，主要盛產杉木，在棺木製造業中享負盛名。另外，貴州、雲南等地的其他木材亦會運到柳州製造棺木，故該地棺木工藝水準亦很高。

關於火葬棺木用料規定

根據食環處 2022 年 6 月網上資料顯示，政府對火化爐排放的廢氣有嚴格管制，以避免造成空氣污染。不適當的棺木及其內置的陪葬物品會影響火化爐的運作，並可能污染空氣。

市民在選用棺木時，應避免使用大於高度 710 毫米（28 吋）、闊度 760 毫米（30 吋）或長度 1,980 毫米（78 吋）的棺木。棺木表面不可鑲有金屬飾物或塑膠物料（如聚氯乙烯，即 PVC）製造的附件。棺木內不應擺放用金屬或塑膠物料製造的物品或貴重陪葬品。陪葬物品應避免有塑膠、金屬或電子產品，玻璃和瓷器也不適合。火葬陪葬品一般以衣物為主。棺木進入火化爐前，必須把表面的所有金屬或塑膠飾物移除。

棺木冷知識

有一句俗語:「買棺材唔知埞!」

其實絕大部分香港市民真的不知道哪裏可以購買棺木。因為幾乎所有喪事的棺木都通過殯儀商代為購買,以套裝服務形式提供,所以一般大眾市民不需要認識棺木供應商。

1. 香港有多少間棺木供應商?

在香港,大概有兩至三間大型的主要棺木供應商,比較小型的棺木供應商則有三至四間。其中有一間棺木供應商,因兼營殯儀服務,在商業角色上有利害衝突,所以較少為業界使用。

2. 有沒有家屬會直接尋找棺木供應商買棺木?

根據筆者私下與業界人士閒談,本港絕大部分的棺木供應商不會接受家屬直接向其公司購買棺木。此舉其實是為了保障殯儀業界的利益,亦免除了商業上的利害衝突。對棺木供應商來說,直購業務不會長久,只有殯儀業界才會長期合作。因為零售需要大量額外的零售服務員工,故不是棺木供應商的商業策略。

3　殯儀服務公司

　　殯儀服務公司，又稱「殯葬商」，普遍被稱為「棺材舖」、「板舖」或「長生店」，這些別稱指專門售賣棺木的店舖。當然，殯儀服務公司不會只提供購買棺木服務，絕大部分都兼售其他殯儀用品，以及提供殯儀服務。香港人所共知，認為殯儀服務公司均集中在紅磡區。但實際上，2022 年，殯儀商遍佈港九新界，單是在旺角花園街好景商業中心已經有超過 12 間名單乙類（俗稱 B 牌）的殯葬商，另外在港島荷李活道、九龍砵蘭街等地亦有比較疏落的殯葬公司。

　　香港的殯儀服務是一種比較傳統的行業，以家業繼承為主；但以筆者近二十多年的實際經驗，新晉業界亦成為一股後浪，不斷在推前浪。他們多來自宗教界、業界前僱員、前市政局二級工人（以處理屍體為主要職務）、出身石廠及紙紮舖等前員工。由於以家業繼承為主，故營業場所（香港人稱舖頭）大多是祖傳自置物業，當然亦有租用的。殯儀服務公司一般提供領取遺體、入殮、化妝、運送遺體到殯葬場所、落葬及靈車服務等；亦有租用殯儀館禮堂、骨灰龕上位服務、墓園安排，甚至轉介遺體運送、骨殖運送、骨灰運送往外國等。在現實中，一般家屬都願意委託同一殯葬公司提供「一條龍服務」，死者家人只根據其個別要求條件及其負擔能力，考慮一個總價作出決定，殯儀服務公司也不會詳列每一項細節。這是因為殯儀服務公司實際操作過

於複雜，牽涉大量不可控因素，例如落葬日期、火葬爐日期、風水、死者的遺體情況等等。

香港法例規定，從事或承辦任何與火葬或人類遺體埋葬有關的工作，其業務公司必須持有食物環境衛生署發出的有效殮葬商牌照。全港目前有大約 120 多間持牌殮葬商（2022 年 6 月計算），其名單及地址均上載於食物環境衛生署網頁。名單分有甲類及乙類（俗稱 A、B 牌），甲類名單可以在持牌處所內存放骨灰，但乙類名單則不可。全港現有的七間持牌殯儀館同時持有殮葬商牌照。除了七間同時持有殯儀館牌照的殮葬商外，其他持牌殮葬商不可以設殮房和禮堂等設施。殮葬商主要服務包括運送及處理遺體、安排喪禮儀式及租用殯儀館等。

甲級殮葬商牌照主要持牌條件，除獲食物環境衛生署署長書面批准外，處所不得供作其他用途或經營，持牌人不得將其牌照轉讓、借給或租給他人。持牌人必須在牌照所指定處所內經營。一切準備工作都不得在處所以外地方進行，包括在指定場所門口。持牌人或經理人，必須親身在領牌處所內主理業務，不得委託他人進行業務。設置環保棺材供顧客選購亦是發牌條件之一。

乙級殮葬商牌照持牌條件除了要遵守甲級殮葬商持牌條件外，不得在獲發牌照的處所內擺放棺木作陳列、儲存或

其他任何用途，亦不得在處所內進行任何與殮葬商相關葬儀、宗教或其他文化有關的儀式及活動。另外，不得在處所內存放先人遺骸、遺體或骨灰，處所只供寫字樓用途使用。須遮蔽店舖，保持店舖大門關閉，使行人完全看不見店內情況。

一間殯儀服務公司的店內裝潢

由於業內競爭環境非常激烈，殯葬商必須以可持續及創新發展為目標。大家很難從圖片中發現這就是一間殯葬公司，亦可令自身在眾多殯葬商中脫穎而出。客人一般都在忐忑不安的心情下商討細節，一個舒適和諧的環境可以令客人心情放鬆，商討細節時事半功倍。

殯葬商冷知識

　　筆者在過去二十多年工作生涯中，接待超過三千位客人，但只有一位客人曾經提出過以下有關就殯儀服務購買保險的問題：

　　◦ 可否就殯儀服務購買保險？

　　◦ 如果可以，保險包括什麼範圍？

　　◦ 有哪些保險公司提供殯葬服務保險服務？

　　◦ 如何衡量補償額？

　　首先，客人要列出其要求保險額、願意付出的保費總額、購買保險的動機，還要回答最少 50 條問卷問題。保險公司再要計算成本，包括精算師的支出、過去案例、保險經紀佣金及行政費等。結果沒有一間保險公司願意提供報價，客人亦放棄購買保險的要求。

4　墳場、火葬場、殯儀館

墳場

• 公眾墳場

食物環境衛生署於 2022 年資料顯示，其轄下共有九個公眾墳場：

- 和合石墳場
- 沙嶺墳場
- 香港墳場
- 咖啡園墳場（1961 年起停用）
- 赤柱監獄墳場
- 鑽石山金塔墳場（新九龍八號墳場）（1961 年起停用）
- 長洲墳場
- 大澳墳場
- 禮智園墳場

• 國殤紀念墳場

由政府或軍部管理，包括：

- 歌連臣角軍人墳場
- 西灣國殤紀念墳場
- 赤柱軍人墳場
- 居喀軍人（尼泊爾籍僱傭兵）墳場（1997 年 6 月 30 日因香港回歸而只在特定日子如清明節開放）

· 特殊墳場

- 浩園：位於香港新界粉嶺和合石墳場，安葬殉職香港公務員。
- 景仰園：位於香港新界粉嶺和合石墳場，安葬見義勇為而犧牲的香港市民。
- 赤柱監獄墳場：由懲教署管理，位於南區赤柱聖士提反灣畔，埋葬死囚。

· 私營墳場

1. 華人永遠墳場

華人永遠墳場管理委員會是根據《華人永遠墳場條例》所成立的法定非牟利組織，為香港華裔永久性居民提供各類墓地服務，其轄下有四個華人永遠墳場：

- 香港仔華人永遠墳場
- 柴灣華人永遠墳場
- 荃灣華人永遠墳場
- 將軍澳華人永遠墳場

2. 認可殯葬區（原居民墳場）

香港政府於 1977 年訂立《公眾衛生及市政事務條例》，賦予新界原居民將其去世的家屬葬於鄉村附近山邊，而無須在公眾墳場安葬的權利。條例確保了新界原居民及 1898 年前開始於香港居住的漁民享有安葬權利，他們及其家屬去世後可於其居住鄉村附近山邊、由政府劃定的認可殯葬區

（Permitted Burial Ground）下葬。目前香港最大的認可殯葬區位於元朗林村郊野公園雞公嶺。由於認可殯葬區零散於全港各地區，很難有統一資料，在此省略討論。

3. 宗教團體墳場

- 道風山基督教墳場
- 跑馬地天主教聖彌額爾墳場
- 香港華人基督教聯會多個墳場
- 佛教墳場
- 回教墳場
- 猶太墳場
- 印度墳場
- 祆教墳場（拜火教 — 伊朗北部）

華人基督教墳場規則

墳場冷知識

　　由於談及墳場牽涉非常多的歷史資料，筆者
不打算在此深入討論，倒不如分別以紅毛墳場及
伊斯蘭墳場為例子，討論一些比較鮮為人知的墳
場冷知識。

- 紅毛墳場 -

　　紅毛墳場這個名字大家大概很少聽聞，其實很
多香港人日常都會經過紅毛墳場。要了解紅毛墳
場，就要了解什麼是「紅毛」。紅鬚綠眼是一般
上一代香港華人稱呼歐美人士的別稱，「紅毛鬼」
含貶意，但亦指出了華人及歐美人士在外貌上的
分別。黃泥涌的香港墳場又名「紅毛墳場」，顧名
思義香港墳場早期埋葬的都是外國人。早在 1841
年，已經有第一個先人安葬在香港墳場。初期香港
墳場並沒有正式的名字，至 1909 年才被正式命名
為殖民地墳場，主要安葬歐美人士；後來因為城市
發展的緣故，散落在其他地方的不同非本土華裔
人士或基督徒便集中安葬在快活谷黃泥涌道這一
帶，後來更容許享有名譽地位的華人安葬在這裏。

　　香港墳場鄰近有印度教墳場、拜火教墳場（祆

教墳場）、天主教墳場及回教墳場。在香港墳場下葬的大部分華人都是基督徒，亦有非基督徒，例如國民革命義士楊衢雲。在香港墳場附近，本來安葬了幾百名日本人（根據一些著作，這部分的日本人大多是來中國南方當娼的妓女），由於政府要開闢香港仔隧道工程，將這些墓碑遷移至一起，形成一個非正式的日本人墳場。

- 伊斯蘭墳場 -

伊斯蘭教，又稱回教，是世界上第二大宗教，僅次於基督宗教。伊斯蘭教起源於阿拉伯半島，其創立者為穆罕默德，信奉真主阿拉。

在 6 至 7 世紀，伊斯蘭教迅速擴展，在短短數百多年間便傳遍了中亞細亞，甚至遠至中國新疆、摩洛哥等地，目前在非洲的土地上亦有很大部分是回教國家。現時全球伊斯蘭教徒約有 16 億人。伊斯蘭教徒分佈在全球各地，其信仰和生活方式亦跟隨教徒足跡而傳播至整個世界，當中亦包括香港。

跑馬地回教墳場位於跑馬地黃泥涌道厚德里，建於 1870 年，墳場依山而建，屬梯田形狀設計。跑馬地回教墳場分為 18 個區域，另外亦設有辦公室及小回教禮堂，禮堂側附有小型殮房以供先人淨身。雖然墓碑按不同地域分區，但是因為每層大小不一，墓碑擺放方式及

數量亦各異。

　　回教墳場將少數的什葉派教徒與多數的遜尼派教徒遺體分開擺放。伊斯蘭教推崇簡葬，香港回教墳場以設計簡潔樸素為主。伊斯蘭教不容許崇拜偶像，在回教墳場內雖然葬有不少華人回教徒，卻沒有任何一個墓碑上鑲有遺照。另外較鮮為人知的，是 1963 年啟用的柴灣歌連臣角墳場內，亦建有回教徒專用墳場。

　　烏爾都語（Urdu）在香港算不上是一種普及語言，甚至很多香港人不知道什麼是烏爾都語。其實烏爾都語是屬於印歐語系印度支語。烏爾都語是巴

跑馬地回教墳場入閘口

基斯坦的國語，也是印度的二十多種規定語言之一。
烏爾都語可視為印度斯坦語的一部分，在中古代時期東
南亞德里蘇丹國和莫臥兒帝國的統治下，烏爾都語多受
波斯語、突厥語、庫爾德語和阿拉伯語的影響。以筆者
有限見識，在香港能夠寫上烏爾都語的建築物甚為罕
見，故跑馬地回教墳場入閘口上的烏爾都文字，是非常
罕見的。

火葬場

記得 1986 年一齣由李翰祥執導的電影《火龍》（*The Last Emperor*）嗎？「火龍」的意思，乃指溥儀是「中國歷史上唯一一個以火葬終結的皇帝」（亦有歷史學家說清順治帝也是火葬）。電影講述清朝最後一個皇帝溥儀的下半生，由 1957 年在撫順戰犯管理所福貴人李玉琴提出離婚事件開始，到特赦出監，投入新中國，與李淑賢結婚，最後在 1967 年「文革」期間因病逝世。敬拜天地是中國自古的傳統，皇帝被尊稱為「天子」，是「天上的兒子」的意思，人在終結時，「塵歸塵，土歸土」的觀念存在於中國好幾千年，土葬就是來自這對天地敬拜的觀念。對於身為「九五之尊」落得要被火葬處理，實在是一個非常劃時代，同時又令人驚訝的結果，清楚顯示存在於中國幾千年的封建體制正式落幕。

時移勢易，在現今香港，火葬亦已經成為大部分人身後事的選擇。以往，火葬只是部分中國少數民族的傳統，但為何可以令香港人普遍接受這文化？香港人能夠接受火葬主要有四大因素：

・土地不足及成本上升

1960 年代開始，香港人口激增，房屋短缺；同時由於香港急速發展，商住用地及工業用地不敷應用，香港政府大

量開墾近郊土地作商住及工業用途，墓地不斷被遷移到較遠地方，墓地供應不足，墓地價格亦日漸高昂，使有意土葬者的負擔愈來愈大，火葬可謂另一個較經濟的選擇以安頓先人。目前在鬧市的大型墓地不多，慈雲山及聯合道基督教墳場算是比較大型及歷史悠久的。當然跑馬地及柴灣亦可以算是市區，不過當年這兩個墓園卻算是郊外地區。

1960 年代香港土地充足，辦理一個政府墓地收費約港幣 10 至 15 元，相反火葬價錢則需要 30 至 45 元，為土葬費用的兩至三倍。原因是當時火葬需要大量燃料、人力資源，且火葬場地區偏遠，並不普及，使用火葬的人寥寥可數。至 1970 年代開始，土地供應不足，不論政府或私人墓地價格均大幅飆升，由 10 元突然升至過千元，令一般大眾無法負擔，而開始接受火葬。

・觀念改變

至 1970 年代中期，香港人教育水平普遍有所提升，新一代對傳統土葬觀念有所改變，認為解決居住問題比土葬先人更重要，故漸漸接受火葬，成為主流。

・政策改善

政府歷年來不斷改善火葬設施、簡化及加速手續辦理、增加土葬費用，在此消彼長的情況下，火葬自然成為一個趨勢。至 1980 年代，香港的火葬場地已經增至六個（葵涌火葬場、柴灣歌連臣角火葬場、和合石火葬場、沙田富山火葬場、鑽石山火

葬場及長洲火葬場），而且每個火葬場的焚化爐數目持續增加，加快火葬屍體速度。同時在處理官員貪污、苛索利是錢及安排走後門、插隊等問題，當時的市政局及廉政公署作出了極大貢獻，使火葬政策在香港順利推行。

・宗教團體配合

宗教團體就香港土地短缺問題作出妥協，從禁止火葬至容許火葬，作出了劃時代的改變。不少宗教團體都有自己的獨特喪葬儀式，在配合社會潮流的發展下，改變了喪葬形式及禮儀，從根本上令信徒接受火葬。此等改變令火葬在今天的香港大行其道。

將軍澳華人永遠墳場的骨灰龕大樓

殯儀館

2022 年，香港食物環境衛生署持牌殯儀館有以下七間：

·香港殯儀館（香港英皇道 679 號）

俗稱香港大酒店，是香港首間，同時亦是唯一在港島區的殯儀館。香港殯儀館於 1930 年代初在灣仔道 216 號創立，初時只用簡陋竹棚搭建，及後改建為水泥建築物。1950 年，香港殯儀館被山河企業有限公司董事蕭明收購。因灣仔發展需要而搬遷，1963 年蕭明以約二百萬港元投得鰂魚涌新館地皮，並於 1966 年 9 月 5 日遷往鰂魚涌現址。香港殯儀館曾經處理過不少名人富豪喪禮，較為轟動的計有李嘉誠夫人莊月明、郭得勝、胡忠、包玉剛等。

·九龍殯儀館（九龍楓樹街 1 號 A）

由蕭明先生和吳海霖先生於 1958 年創立，並以底價 77 萬港元投得地皮興建，翌年落成啟用，為繼油麻地摩禮信殯儀館後九龍區第二間殯儀館。九龍殯儀館於 2008 年起分階段進行翻新改建工程，新增多項現代化設備並致力提升服務水平。為迎接新世代，九龍殯儀館特別將館內三樓全層改為靜音層，主要為基督教徒、天主教徒及愛好寧靜莊嚴而無宗教信仰者，提供寧靜的追悼空間進行安息禮拜或追思會，是全港唯一為治喪而設置教堂的殯儀館。館內設有 20 個禮堂，地下三個大禮堂可容納三百多人。

·世界殯儀館（九龍紅磡暢行道 10 至 10A 號全層）

世界殯儀館於 1975 年 11 月 28 日落成啟用，館內設有 15 間禮堂，其中一個大禮堂約 8,000 平方呎，是香港最大的殯儀禮堂之一。當然，豪華禮堂的租金亦最為昂貴，而且並非可負擔價錢就可以租用，因為要視乎當日租用的家庭背景、負責喪事的殯儀公司與殯儀館的關係等，可以用「隨緣」去形容租用情況。一般禮堂面積約 1,000 平方呎至 3,000 平方呎。另外有 10 至 20 間房口，面積約 500 平方呎。

·萬國殯儀館（九龍紅磡暢行道 8 號）

由東華三院董事局籌建，並於 1980 年正式啟用，命名為「萬國殯儀館」。樓高 6 層，備有 5 間大禮堂及 14 間靈寢室。

·東華三院鑽石山殯儀館（九龍鑽石山蒲崗村道 181 號）

1977 年落成，並於 2009 年完成大規模翻新工程。樓高 4 層，備有 3 間大禮堂和 8 間靈寢室。在其旁邊的鑽石山墓園已經停止開發，只保存現有範圍。

·寰宇殯儀館（九龍紅磡暢行道 6 號）

寰宇殯儀館前身為 1978 年落成的紅磡市立殯儀館，是香港唯一的公眾殯儀館，之後由食物環境衛生署（當時稱為市政局）招標經營。先後由永恆殯儀館、世盛殯儀館、福澤殯儀館經營，2017 年 3 月 31 日，殯儀館關閉一年進行維修

工程。2018 年重新公開招標，由東華三院投得五年的營運權，命名為「寰宇殯儀館」，2019 年 3 月正式啟用。

2012 年香港政府曾招標殯儀館的經營權，但這次的公開招標並沒有設立底價下限，使省港澳陵園禮儀有限公司以二億七千八百萬投得殯儀館的五年經營權，易名為福澤殯儀館。由於營運成本大幅提高，使福澤殯儀館大幅加價，同時其他六間殯儀館亦一時間大幅增加收費，在十年間靈堂租用價格升幅達 14 倍之多，被業界及一般市民指責香港政府主導提高殯儀價格，令低下階層失去最基本的殮葬權利。

· 寶福紀念館（新界沙田悠安街 1 號）

於 1996 年上半年落成啟用，創辦人為已故馮成先生。有趣的是設於一樓之「寶福軒」為持牌食肆，提供齋菜套餐，更會提供外賣到會。不知各位讀者有沒有興趣在殯儀館訂購外賣到會回家中享用？

殯儀館冷知識

　　據資料顯示（2022 年東華三院網頁），萬國殯儀館、鑽石山殯儀館及寰宇殯儀館均為東華三院轄下管理的殯儀館。

　　另外，香港殯儀館和九龍殯儀館亦同時為有「殯儀大王」之稱的蕭明先生所創立或共同創立的。

寶福紀念館

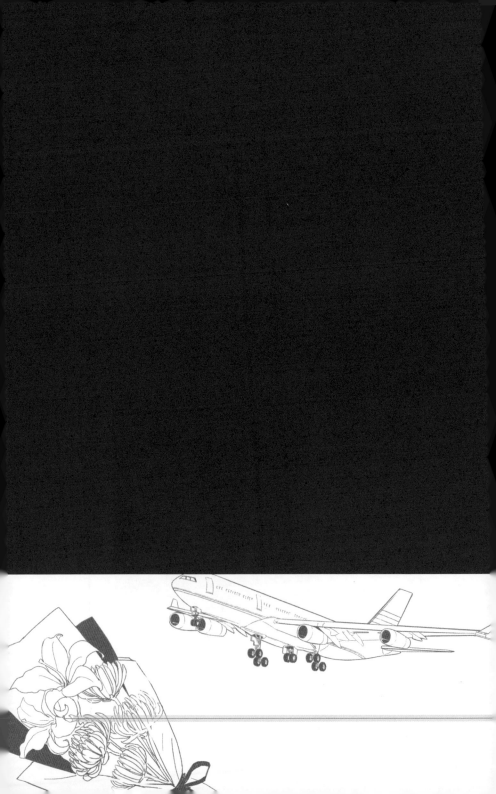

第七章

殯儀行業
專用術語

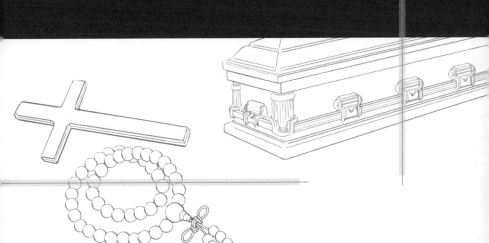

每個行業都有其專用術語，正如大家在茶餐廳常常聽見「茶走」、「冬 OT」、「和尚跳海」等特別詞語，又或者麵檔的「細蓉」、「涼茶」等，在殯儀業亦不例外。而且香港殯儀業行內的術語更加地道，更令人摸不著頭腦，行外人難以理解。

例如「分梳」與「添妝」：假如丈夫先行離世，先人妻子在大殮時進行「分梳」的儀式，堂倌在棺木先人的腳部位置讀出「分梳」，並拍斷一把木梳，代表妻子向其先夫及祖先表示已回復單身，將來可再作嫁娶，男女兩門祖先便沒有衝突；亦有意思指丈夫已先行離去，不要帶妻子到陰間。若太太先行離世，丈夫會在其大殮時進行「添妝」，將一朵紅花戴在先人頭上，寓意太太可與祖先團聚，給祖先見到其美麗的一面。

凡此種種術語及禮儀，頗為值得探討。在此章，會跟大家分享一些有趣的殯儀術語。

1　殯儀職位的行內術語

行街

又稱為「殯儀經紀」、「先生」、「街板」、「棺材佬」、「棺材頭」等，其實就是營業員的意思。作為一名行街，必須要有非常廣闊的人際網絡，否則難以生存，皆因絕大部分的殯儀商只提供非常低微的薪金，行街要招攬生意，以佣金作主要收入。行街的工作範圍非常廣泛，接洽生意、跟後勤操作人員合作，以至最後期的骨灰上位、撒灰等都要照顧得妥妥當當。大致而言，行街是台前工作，全程跟客人接觸，說話談吐技巧禮貌等必須恰如其分，良好口碑及廣闊人脈是一名成功行街的重要條件。

喃嘸先生

職位在道教以正一派科儀為基礎，叫名「喃巫」，香港人俗稱「喃嘸佬」，實際上帶有貶義。「喃嘸」源出於引磬、鐺鑼等法器敲打及唸經時低沉聲音造成的耳語現象。道教「喃巫」以師徒制相傳，從未見過自學成師。殯儀法事業界能夠稱得上師傅的，必定能追溯其師承於某門某派某師傅。目前在香港活躍的道教儀式師傅約 480 人，以男性為

絕大多數，年齡以中年為主。根據非正式統計，香港約有超過一半的喪禮採用道教儀式，所以這個職位不乏需求。非殯葬相關的日常工作施禮有嫁娶、禮斗、安神、旺土、脫褐、打齋、建醮等；殯葬相關的則包括旬七、開路、招魂、上山、放焰口、渡仙橋、引領燒衣拜祭等。

土工

又稱「仵工」，是最前線的殯儀從業人員。除了每日必須直接觸碰遺體，亦必須有限度地跟客人溝通。土工給大家的印象就是衣著非常隨便、身穿黑色衣服，但實際上並非如此。在某一些宗教喪禮，例如租用了大教堂的惜別禮拜或彌撒，主家可能會需要土工穿著整齊的西服搬運靈柩，領帶、白手套、皮鞋、西裝等，非常莊嚴。如遇上一位西裝畢挺的土工，不用太過錯愕。

另外，其實甚少殯儀公司有獨立靈車司機的職位，土工同時會負責靈車司機工作。除駕駛靈車外，土工亦會協助佈置靈堂、運棺入爐儀式、墳地開穴、清潔先人身體，甚至協助處理先人化妝等工作。土工必須非常熟悉以下知識：整個殯葬儀式程序、棺木型號、認領遺體程序、墳場、殯儀館、教堂及殮房等位置和路線、空運貨站及中港口岸等路線，否則可能要載著遺體四處兜路，費時失事，阻延行程。

　　作為土工，必須體魄強健。一個土葬棺木動輒一、二百公斤，裏面還擺放著遺體、各式各樣陪葬品、壽衣、壽被等，總重量接近二、三百公斤。曾有一件空運寄往外國的中式棺木，加上鐵箱、木箱共重超過九百公斤，當日由六位猛男土工同事出盡九牛二虎之力，用擔挑及麻繩前、中、後搬抬，仍然非常吃力，幾乎搬不動。對一般人來說，行走崎嶇山路已經非常困難，更何況抬著棺木，前後位置不一，即使一段只幾分鐘的路程，要抬起靈柩上高落低，安排移入墓穴落葬，非六至八人不可能完成。即使是路程遙遠、滿是泥濘的崎嶇山路，遇上雷暴警告、滂沱大雨，又或烈日當空、大汗淋漓，也得提供專業服務。曾經有一名土工因為踏空而弄傷腰椎，要立即召喚救護車，還要向主人家道歉，因為將棺木翻倒是行業大忌，幸好主家明白意外難免，沒有怪責之外，更打賞額外利是錢。但就要麻煩化妝師立即到現場修補先人妝容，免得客人不安。當然在不穩定的天氣下，客人和工作人員要在戶外等半個多小時，大家都知道不好受。

土工工作情況

2　殯儀場所的行內術語

火葬場簡稱

　　「葵火」並非指葵花的火焰，亦跟葵花沒有關係。在殯儀業界，火葬場有其簡稱，例如「和火」指和合石火葬場，「哥火」指歌連臣角火葬場，「葵火」指葵涌火葬場，「富火」指沙田富山火葬場，「鑽火」指九龍鑽石山火葬場。

火化爐

家屬按掣後靈柩徐徐下降，向逝者作最後送別。

　　那麼長洲火葬場又如何稱呼？業界則很少用「長火」代表，因為基本上長洲火葬場較少人使用，筆者也只是去過一兩次而已，所以從未聽聞長洲火葬場的簡稱。

　　要留意一點，香港某些私人機構是擁有合法火葬牌照的，例如大嶼山的寶蓮寺便是其中之一，一般只服務寺內高僧圓寂，這些私人火葬場並沒有簡稱。

板舖

　　或簡稱「舖頭」。棺材叫「壽板」並不難理解，所以棺材舖被稱為「板舖」亦為一般香港人所熟知。在某些場合不大方便提起「板舖」，所以通常簡稱「舖頭」，正如香港人普遍用「走咗」代替「死咗」、「過身」等用詞。順帶一提，棺材舖的雅稱叫「長生店」，但時代轉變，這名稱已比較少人使用。

3　殯儀工作的行內術語

入櫃

　　指將遺體送往殮房或停屍冷凍櫃的程序。殮房不一定指公眾殮房，一般醫院、殯儀館、寧養院都附設殮房。可能讀者不是太清楚，有些大型護老院、急症室、回教墳場等地方，其實都設有小型冷凍屍櫃，以供淨身或等候送往殯儀館前短暫停留使用。

　　香港更有一些殯儀館設有棺木及遺體停放租用服務。例如空運遺體離港航班通常安排在早上 5 時至 10 時，遺體不能過早交入空運貨站；但出殯儀式要待早上 11 時才能完成，趕不及當日航班，惟有租用殯儀館的冷藏倉庫將棺木連遺體停留一段時間，翌日大清早由殯儀土工運載出機場。

撈魚

　　又稱為「攞魚」、「車魚」、「車遺體」等，一般土工會在早上處理出殯工作，中午飯後便去醫院、殮房等地方「攞魚」上房（即殯儀館的禮堂後面停屍房）。由於用「魚」（即鹹魚的簡稱）形容先人帶有低俗、不敬的意思，所以只會在同行之間使用。

上房

指將先人遺體從醫院、殮房等送住殯儀館禮堂後面的停屍房，然後由土工除去屍袋，解開裹屍布，清潔遺體，穿上壽衣（俗稱「著衫」），之後由化妝師進行化妝工作，為傍晚賓客進行祭祀儀式作好準備。但若主人家選擇「院出」，「上房」這個環節則不一定出現。

院出

指死者不需要經過殯儀館或宗教禮堂進行儀式，直接在醫院殮房或公眾殮房門口進行簡單儀式，然後送至機場、外地，又或者送往火葬場進行火葬，以節省殯儀館靈堂的開支。亦有為遷就從國外回來的親友的航班時間而「院出」。

過境

酒店有「時租」概念，則殯儀業而言，靈堂借出所有可供使用時段方能達到最高使用率和賺取更多利潤。一般客人租用靈堂房間作告別喪禮儀式，會由下午 4 時左右開始使用，至翌日早上再正式在殯儀館進行殯儀式。由於「上房」

一般都是在下午 4 時正開始，早上大約 10 時正出殯上山落葬，
那麼靈堂一般由早上 10 時正後至下午 4 時正都是沒有人租用。
「過境」就是指殯儀館善於利用空檔時間，出租靈堂，以賺取更
多收入。但對「過境」客人而言，雖然可以用較便宜的價錢租用
靈堂，但就需要縮短使用時間，以及麻煩賓客在白天工作時間抽
空出席喪禮了。

4 殯儀業銷售過程的行內術語

睇板

又稱「買板」，有時候稱「買壽」。顧名思義，「板」即棺木，「睇板」即選擇棺木的意思。「睇板」大多在長生店裏實地、實物進行。行內有句術語「見貨賣貨」，即只會出售現成貨物（棺木）。若客人有特別要求或能夠支付高價，才會幫其訂造心儀款式。一般棺木製造商都必須先收取最少一半訂金，如果是廉價的款式，更可能要收取全部款項才會「留貨」。

賣客

又稱「過檔」，是行內一個公開秘密。有時候客人要求在指定吉日進行儀式，但其指定日期沒有靈堂可供使用；又或者因為行街在同一時間有過多的生意難以同時處理，便出現「賣客」情況。

「賣客」的意思是指行街跟客人確認細節及訂價後，將整宗生意的後勤支援處理過程交由殯儀館或其他行家完全處理，銷售員以一定額作為佣金，而不用處理個案。由於殯儀

館可以內部調撥靈堂租用時段，及有大量人手支援處理所有後續事情，他們會接收「賣客」，並助其在行內競爭中取得更好成績。

可能大家會提出疑問，客人不會知道自己已經被「賣豬仔」嗎？秘密就是所有後勤支援人員，都會用原來銷售員的公司名義去處理一切事情，做好保密工作。當然，作為殯儀業營業員，重視人與人的關係多於客戶與公司的關係，所以行街亦不能完全置身事外，在儀式進行時亦會短暫露面。

踢客

意思是向客人作出銷售或兜售行為。除非人際網絡非常廣闊，又或者在業界享負盛名，否則行街必須主動尋找客人。所謂「踢」是指營業員必須主動出擊，而非被動等候客人叩門。但注意，有些地方是不能「踢客」的，因為業內早已劃分「地盤」，河水不犯井水，不應「越界搵食」。

踩線

跟「踢客」非常相關，一般在醫院殮房辦事處外長駐的營業員均是比較初級或年資淺的職員，被稱「踩線」，又稱為「一線」，通常都是跟所屬公司拆賬，相對而言工作時間比較長，但

收入穩定；另外有些營業員透過自己的人際網絡或跟各方面關係的轉介接生意，被稱之為「二線」，工作時間相對靈活，但必須要有較深的資歷和較廣的人際網絡，方能獨立找生意。由於一線和二線的生意來源大不相同，各自生存，未聽聞過一、二線之間有所衝突。

踢價

即議價的意思。筆者入行之初，電腦及互聯網仍未面世，資訊有限，客人面對喪事及突如其來的巨變顯得六神無主，較少議價，一般都以行街意見為主；而且當時禁忌甚多，業界競爭相對今天不能相提並論，所以客人「踢價」情況並不多。但時至 21 世紀 20 年代，資訊非常發達，普遍市民知識水平提高，對於禁忌亦趨向理性，今時今日「踢價」情況相對普遍，業界營業員面對的壓力亦相對三、四十年前增加不少。

在一個極端的案例，客人在同一時間尋找十多間殯儀公司「格價」，由於殯儀業內活躍的營業員粗略估計只有三至五百人，大多互相認識，在這個極端的個案中，業界互通消息，結果客戶反要付出更高昂價錢，且浪費了時間格價。

上位

又稱「合爐」，只應用在火葬的個案。一般在先人過身後一百日，將暫存在長生店或在家供奉的骨灰，擇吉日安置在永久骨灰龕，稱之為「上位」。其意思是指幫先人告別家人，及告知祖先將其靈牌列入祖宗祠堂。佛教、道教而言，過程將安排法師、道士透過誦經、法事在靈位灑淨，引領先人；天主教、基督教而言則比較簡單，一般不會以一百日計算，而且神職人員亦不需到場，大多家人及賓客在骨灰龕位前唱聖詩及祈禱便完成整個過程。

補身

光看「補身」這個詞語確實令人費解。「補身」又稱為「補官」或「補壽」，應用在佛教和道教的葬禮儀式上。在討論「補身」之前，應該先討論什麼是七言咒及往生錢。七言咒為印有七種經咒的黃色薄紙，一般已燒有七個小孔，用作敬奉先人及遊魂。七種咒的經文包括有：《楞嚴心經》、《準提佛母神咒》、《華嚴經》、《勸善神咒》、《解冤結咒》、《往生咒》及《大悲咒》，《楞嚴心經》為咒中之王。往生錢並不是溪錢，也不是陰司紙（又名冥錢），而是一張圓形小黃紙，直徑一般為 12 厘米，上面寫有各種經文，作為超度先人往生之用。

先人先淨身、穿衣、化妝，入殮後將遺體放在棺木上，蓋好了壽被，就要「補身」，將大量溪錢、陰司紙、往生錢、七言咒、金銀衣紙及金條銀條等衣紙，鋪在遺體壽被之上以作裝飾，同時寓意大富大貴，金銀滿屋，先人上路受到指引及保護，同時庇蔭後人，多福多壽。

七言咒

上服、戴孝、脫服（脫孝）、應紅

「上服」、「戴孝」、「脫服」（脫孝）、「應紅」等均指儀式上的衣著指引，在此簡略要點。

「上服」和「戴孝」是指在喪禮儀式上應有的衣著，通常堂倌會代為照顧及提供協助，不同的宗教傳統有不同的

孝服，亦有不同的穿著方式；另外不同籍貫、鄉村亦有不同傳統，在此省略。

「脫服」亦稱「除喪」或「脫孝」，古代喪禮儀式之一，即除去喪禮之服。親族中，按五服制度，各人所著孝服及穿著孝服期限不同，脫服時間亦先後不一。脫服後衣著不能大紅大紫，亦不宜穿印有大花圖案或有喜慶含義的衣服，素服一個月後始能改回常服，在三個月內亦不應穿著得太過花枝招展，以示對先人的敬意。

「應紅」是指在死者家屬「脫服」後，表示喪孝期已過，再以柚葉（或由道長唸咒水）灑淨，在身上扣上紅布片一塊，寓意吉祥。

第八章

香港殯儀業
前瞻

在大眾傳統觀念中，殯儀業只講死後如何安排喪禮等硬件部分。隨著社會變遷，市民知識水準不斷提高，殯儀業不單要在實體安排上提升質素，更需要在生死教育、業界制度、專業認可、持續發展、法律支援，以及心靈輔導、創傷治療等不同範疇上發展。

本篇將集中討論軟件議題，例如殯儀行業的發展、對創傷治療的支援及在體制內如何令業界更專業化等。其內容包括：環保棺木的趨勢和重要性、生前規劃的發展、入行與專業教育、業界操守與道德、探討沙嶺超級殯葬城源起及其重要性、綠色殯葬的推行，以及線上拜祭的可行性。

香港進入 21 世紀 20 年代，人口老化、資訊爆炸、人們公民意識及知識水平不斷提高，香港殯儀業將何去何從？

1 環保棺木

早在 2006 年，食物環境衛生署已經在香港引入環保棺。自 2007 年 10 月 1 日起，食環署要求每一間持牌殮葬商展示並必須提供環保棺供顧客選購。主要目的是為大幅縮短在火葬場火化屍體時間及推動綠色殯葬，減少損耗木材。食環署在火化無人認領遺體時一般會使用環保棺。不過在過去 15 年，使用環保棺進行火葬的個案只佔約 2.2%。背後源於大部分人跨不過心理障礙，覺得使用環保棺對先人不敬，有點寒酸。在中國社會根深柢固傳統文化下，推動環保棺遇到重大阻力。

專門推廣綠色殯葬的社企毋忘愛指出，製造一個木棺需要一棵樹的木材，而紙棺則是採用再造紙。在燃燒時間方面，完全燃燒紙棺時間比木棺少 33%，氣體排放比木棺大幅減少 60%。換言之，使用紙棺可以減少生態破壞及改善氣候暖化問題，完全符合全球可持續性發展目標。然而食環署現行規定僵化，環保棺的火化時間較木棺快三至五成，但是設定燃燒紙棺及木棺時間一樣，都是大約 1.5 小時，完全埋沒紙棺的環保特點及優勢，本末倒置。現時食環署推行的綠色殯葬，主要是海上撒灰或花園葬，目的是解決土地不足問題，推動使用環保棺並不積極。有殯儀業界人士建議政府可以提供誘因，例如火化費用折扣、預訂火化時段的優先

權、向安老院推廣使用環保棺的好處等，加強市民對綠色殯葬的認識。

　　毋忘愛採取綠色採購政策，致力遵守環保 3R 原則：循環使用（Recycle）、減少耗用資源（Reduce）及再利用（Reuse），以避免污染環境，減少耗用資源和其他能源，以減少浪費為目標。例如：選用粗紙板、夾板、再造物料製造的棺木，省卻塑膠物料製造的附件或鑲嵌於棺木表面的金屬飾物，避免在棺內放置用塑膠或金屬物料製造的陪葬品等，這些均有助改善火葬對環境帶來的污染。

環保棺一般規格

物料	・棺木主體結構以紙板或類似性質的紙料製，不含氯化物、塑膠及金屬等物質或物料（鋼螺絲釘及 U 形釘除外）； ・棺木表面和內裏都不透水； ・使用水溶性無毒塗漆物料易於燃燒。
尺寸	・外長：不超過 1,980 毫米； ・外闊：不超過 760 毫米； ・外高：不超過 710 毫米。
承載力	・能承載不少於 150 公斤的重量，不會因載重而顯著變形。
含水量	・不超過 18%。
淨重	・不超過 35 公斤。

資料來源：食物環境衛生署，香港特別行政區政府（2021）

環保棺特色

保護環境	・板材 97% 成分為回收木纖維，能減少砍伐樹木，將木材更好的利用，將其價值發揮最大。火化時，相比纖維板，環保棺減少更多碳排放。
適合土葬使用	・板材結構堅固，具有良好生物降解性。
適合火葬使用	・板材使用再生木纖維蜂窩板結構，火化產生的成分與人體火化的鈣化物相類近。
防雨、防潮	・可在戶外或冷凍房使用。

資料來源：*毋忘愛*

　　環保棺可加上不同顏色和圖案。死者家屬可印上自選的照片、圖案，或親手繪上圖畫、字句，為逝者送上心意，盡顯逝者個性。加上以新科技合成的專利環保物料製成，通過嚴謹的國際級安全和環保測試，結構堅固，可媲美木製棺材。

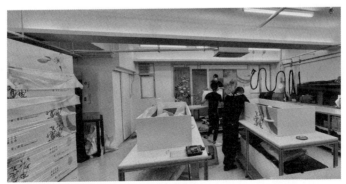

環保棺製作　　　　　　　　　　　　　　　　資料來源：*毋忘愛*

個人化環保棺設計

典雅百合	
杏花盛開	
雲樹之思	
梅花樹下	
寧靜湖水	
山水悠悠	
黃金歲月	
靜心水蓮	

資料來源：毋忘愛

兒童環保棺設計

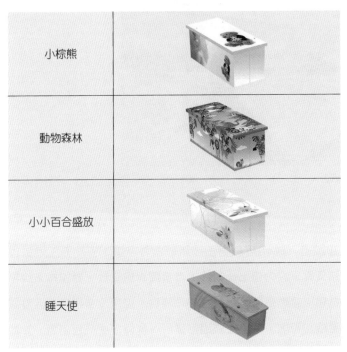

小棕熊	
動物森林	
小小百合盛放	
睡天使	

資料來源：*毋忘愛*

環保棺製作　　　　　　　　　資料來源：毋忘愛

　　2022 年，本港爆發第五波新冠病毒疫情，多間醫院殮房爆滿，殯儀館承載力超出負荷，逝者遺體無處安放，對家屬來說是雙重打擊。雖然遺體可以暫存在冷凍櫃，但是冷凍櫃存在溫度嚴控的風險；否則，遺體出現面部變形、屍體皮膚顏色變黑。如此境況，聞者心酸。在疫情下，若醫院採購更多環保棺以存放遺體，可以改善醫院環境，同時為逝者保留一份尊嚴。同時，政府可以提供更多誘因協助推廣環保棺，讓長者及死者家屬早點實行生前規劃，令其對環保棺持正面態度。

2 生前規劃

為何要生前規劃？

　　隨著年齡的增長，人們應有相應的生前規劃。於老人而言，實行生前規劃更是相當重要的。人的生命看似強大，實際上卻是那麼脆弱。天災人禍、自身的疾病和輕生念頭，這一點點力量也足以把人摧毀。新冠病毒的肆虐，更是讓人體會到人生無常以及生命的可貴，對於長期病患者及其照顧者來說，更是一項艱巨的挑戰。因為長期病患者一旦感染新冠病毒，患重症的機會和死亡的風險都較常人高，隨時都可能會迎接人生終點，故實行生前規劃也變得重要。若不幸逝世，照顧者或後輩亦可清楚了解逝世者的意願，並代其履行，貫徹自我尊嚴，後顧無憂。

生前規劃服務

　　有些露宿者不願上公屋，主要原因是怕自己死在家中無人知曉，屍體發黑、發臭才有人知。其次，伴侶過身及子女移民，皆導致社會上出現一群獨居無依、缺乏支援的長者。另外，晚期病患者也是被忽略的一群。有見及此，有非政府組織向社會上有需要的人士提供生前規劃服務。聖雅

各福群會於 2004 年開始提供「後顧無憂」規劃服務，目標旨在協助長者在生前規劃其身後事的安排，並於他們百年歸老時，代為履行其意願，貫徹自我尊嚴，令長者能安享無憂生活。此服務亦致力推動社區生死教育，鼓勵人們以開放及正面的態度面對死亡。

「後顧無憂」規劃服務主要為孤寡無依的長者預先規劃及辦理身後事，服務包括：臨終照顧計劃、財政預算、醫療抉擇、安排其身後事的意願（例如：宗教儀式、殮葬方式、舉殯地點、報喪名單、壽衣、唸誦經文、器官或遺體捐贈、骨灰安奉方式）、財產安排及表達遺願等。在某些情況下，宗教場所被列為獲得許可的殯儀館。為了讓長者更了解自己的死亡觀，「後顧無憂」規劃服務特意安排「自遊行」。長者可以參觀棺材舖、殯儀館及墳場，以及體驗親身撒灰。除此之外，「後顧無憂」規劃服務亦著重給予喪親者無限關懷及支持。

聖雅各福群會一般選擇在安老院舍、醫院、地區長者中心宣傳「後顧無憂」規劃服務。當長者成為「後顧無憂」規劃服務會員後，聖雅各福群會將會持續跟進長者個案直至其過世。聖雅各福群會鼓勵會員在填寫醫院管理局系統聯絡人時寫上機構電話，當會員入院、離世，醫院管理局便會通知機構職員。職員會到醫院探訪、運送物資（尿片、牙膏、牙刷）、協助安排銜接社區的服務、尋找適合的院舍等。食環署一般不會主動聯絡聖雅各福群會，但部分會員因其已去世家屬都是由聖雅各福群會協助處

理後事，或會員本身在入會時已簽署授權文件，到他們離世時，食環署亦會提供適當的協助。

「後顧無憂」規劃服務會協助長者處理補領收據（灰位、碑位）及死亡文件（身分證、出世紙、結婚證書、灰紙），亦會協助有經濟困難的長者申請「綜合社會保障援助」（綜援）計劃。同時幫助逝者家人、親友、慈善團體或社會福利署資助的非政府機構向社署申領殮葬費津貼，用以支付逝者的殮葬費用（例如辦理死亡證及其他殯儀服務的開支）。現時殮葬費津貼的上限為港幣 15,970 元，基於成本或力求低調的考慮，愈來愈多家屬選擇在醫院的告別室舉行簡單送別儀式，但是此類「院出」服務一般只適用於在該醫院去世的病人。

聖雅各福群會指，最常遇到的困難是長者不記得先人資料、有內地親人過身、子女資料合併等，食物環境衛生署未必承認相關紀錄，導致機構難以在政府部門代辦文件。長者亦不清楚買骨灰龕位的一般價錢，例如政府或華人永遠墳場管理委員會的骨灰龕位一般收費為 2,000 至 4,000 港元，而私人龕位價錢浮動，一般收費達港幣幾萬至幾十萬。在疫情下，醫院開放程度大幅度調低，恩恤探訪只批准每星期一次，而且只容許停留一段時間。最壞情況是病人已接近彌留，醫院卻很遲才通知病人家屬看臨終病人。所以，對臨終病人的關懷及喪親者的支持，成為提供服務的另一大挑戰。

處理逝者身後事的流程

從活體變成遺體立案開始，殯儀館經營者需要查明或調查逝者是屬自然死亡（經註冊醫生作最後診斷並確定死因的一般自然死亡個案），還是非自然死亡（離世者逝世前未經註冊醫生診治，或因意外、中毒或暴力而致死亡等情況）。

所有非自然死亡的病例，遺體均會被移送至公眾殮房，向死因裁判官作出呈報，警方和死因裁判法庭也將參與其中。遺體是否需要進行解剖，裁決權在於死因裁判官，部分死者家屬可能會盡力避免解剖以表示對逝世者尊重和愛意，如欲向死因裁判官申請豁免屍體剖驗，家屬可在會見時通知法醫科醫生。

一旦個案死因能被證明，死因裁判官會發出「授權埋葬／火葬屍體命令證明書」。它清楚地描述了遺體經過仔細檢查，死亡不是由於毒藥、暴力、任何非法操作、貧困或忽視死者安裝或未安裝心臟起搏器，和放射性或其他植入物而引起。

自然死亡 —— 火葬

主診醫生簽發「死因醫學證明書」，火葬者則另取「義務證明書」

▼

家人商討殯葬細節，並委託持牌殯葬商辦理

▼

往死亡登記處辦理死亡登記，並取得死亡證及火葬准許證

▼

帶上死亡證、死者身分證及火葬准許證，預約火葬爐期及繳交費用

▼

確認及領取遺體

▼

殯葬儀式及出殯

▼

遺體火化

▼

取回骨灰及領取骨灰許可證

▼

購買骨灰龕位、申請撒灰等

資料來源：聖雅各福群會

自然死亡 ── 土葬

主診醫生簽發「死因醫學證明書」

▼

家人商討殮葬細節，並委託持牌殮葬商辦理

▼

往死亡登記處辦理死亡登記，並取得死亡證及土葬准許證

▼

帶上死亡證、死者身分證及土葬准許證，購買墓地及繳交費用

▼

確認及領取遺體

▼

殮葬儀式及出殯

▼

遺體安葬

▼

立碑

▼

若墓地屬「非永久地」，需若干年後起回先人骨殖

資料來源：聖雅各福群會

死因裁判工作流程

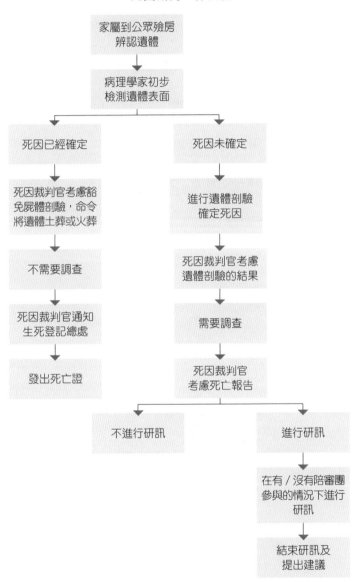

家屬到公眾驗房
辨認遺體

↓

病理學家初步
檢測遺體表面

死因已經確定

死因未確定

死因裁判官考慮豁
免屍體剖驗，命令
將遺體土葬或火葬

進行遺體剖驗
確定死因

不需要調查

死因裁判官考慮
遺體剖驗的結果

死因裁判官通知
生死登記總處

需要調查

發出死亡證

死因裁判官
考慮死亡報告

不進行研訊

進行研訊

在有 / 沒有陪審團
參與的情況下進行
研訊

結束研訊及
提出建議

資料來源：聖雅各福群會

非自然死亡 ── 火葬

遺體運送往公眾殮房，進行剖驗並確定死因

▼

填寫火葬申請表格

▼

辨認遺體

▼

領取「授權火葬命令證明書」

▼

委託持牌殮葬商辦理殮葬事宜

▼

帶上死者身分證、授權火葬命令證明書，預約火葬爐期及繳交費用

▼

認領遺體

▼

殮葬儀式及出殯

▼

遺體火化

▼

取回骨灰及領取骨灰許可證

▼

購買骨灰龕位、申請撒灰等

▼

生死登記總署寄出「通知咭」，家屬辦理死亡登記

資料來源：聖雅各福群會

非自然死亡 —— 土葬

遺體運送往公眾殮房，進行剖驗並確定死因

▼

填寫土葬申請表格

▼

辨認遺體

▼

領取「授權土葬命令證明書」

▼

委託持牌殮葬商辦理殮葬事宜

▼

帶上死者身分證、授權土葬命令證明書，購買墓地及繳交費用

▼

認領遺體

▼

殮葬儀式及出殯

▼

遺體安葬

▼

立碑

▼

生死登記總署寄出「通知咭」，家屬辦理死亡登記

▼

若墓地屬「非永久地」，需若干年後起回先人骨殖

資料來源：聖雅各福群會

真實個案
（由聖雅各福群會分享，人物均為化名）

平姐深深明白生死有時，生老病死都是人生的一個階段，故她早就把她的生前規劃告訴兒子。她希望逝世後不要海葬，並將丈夫轉送到院舍。平姐在義工的指導下，說出了這生未了的心願，心願亦一一達成，一家人能夠開心共度最後的相聚時光。平姐逝世後，她的兒子亦按著平姐的意願安排了身後事。平姐主動安排生前規劃，不但最後時光活得更精彩，更可讓家人在辦理身後事時按其生前意願舉辦葬禮，好好作最後的善別。

林伯是晚期腸癌患者，有自己的生前規劃。在醫療抉擇下，他向家人透露了不想入院、留院的意願。最終，在林伯彌留之際，家人安排了醫護人員帶著器材及物資到家裏為他看診，林伯亦可以完成「在家離世」的心願。

陳伯同樣有在家休養的意願，在社區寧養服務的社工安排下，家裏增添了醫療床、助行器具、家用製氧機等設施。社工也安排了護士定期上門跟進陳伯的狀況及指導家人照顧技巧，並時有義工探訪，讓陳伯有消閒活動。於老人而言，與其在醫院每天雙眼放空、聽著滴答滴答的時鐘，過著時間停頓的日子，倒不如把握僅有時間，享受餘下的日子。

潤伯在與義工隊的訪談中，表達自己尚有生前心願未完成。潤伯面對最大困難就是行動不便，義工隊故陪伴潤伯到達其以往住過的圍村，潤伯感慨這條圍村已經面目全非。接下來，潤伯和義工隊前往拜祭其已故兒子。潤伯提及自己身後事的意願，希望自己死後的骨灰，能與兒子一樣，撒在紀念花園內。

獨居的唐婆婆亦在賽馬會安寧頌、「安·好」居家寧養服務的照顧下，過著簡單樸素的生活，閒時與社工一起覆診、買菜、製作糕點、做運動、看大戲，生活隨之增添不少色彩。唐婆婆把身後事做好規劃，能夠更積極、自主地決定如何告別，也能決定餘下的時光怎樣過。

展望

　　根據賽馬會安寧頌在 2016 至 2018 年的調查發現，香港接近九成的離世人士都是在醫院逝世，但還有大約兩成人意願是在家離世。有不少家人了解到患者意願後，卻發現能力所限，家裏沒有醫療儀器或護理用品，難以照顧長期病患者。其實不少組織都會致力協助長者積極面對病期生活，相關服務不但可讓患者接受安寧的照顧及提升長者晚期護理服務的質素，更可減輕公共醫療的壓力。其次，組織亦明白逝者家人的情緒變化，會繼續提供適切的輔導。面對疾病煎熬是不容易的事，但生前規劃可以慰藉老人的心靈，為他們帶來正面情緒，紓緩身體不適。此外，香港慈善機構致力提供全面及度身訂造的生前規劃服務，葬禮活動或任務的每一個部分都經過精心策劃，注重細節。生前規劃服務包括場地佈置、政府文件處理、儀式策劃、音樂，甚至訃聞和悼詞的撰寫，還會提供悲傷治療、接待安排、紀念活動等。

　　不論生前規劃如何，陪伴永遠都是長者的精神慰藉，甚至是最好的禮物。但自 2020 年起，抗疫成為了我們的日常，不少場所都相繼暫停使用，就連長者最為喜愛的公園、球場也被封鎖，這令長者消磨時間、呼吸新鮮空氣、曬太陽的老地方都消失了。在抗疫的前提下，為避免面對面接觸的傳播風險，不少組織的長者探訪亦要告吹。有見及此，原先的探訪團隊都開始嘗試使用視像形式進行探訪，視

像探訪成為維繫人與人關係的橋樑，在疫情下帶來一點溫暖。

　　在香港這個忙碌的城市，能互相聆聽、實行生前規劃並不容易，因為它涉及到老人及其家人兩方。很多人都是經歷喪親後，才後悔愛得太遲。怎樣讓親人不帶遺憾地離開、走完人生最後一段路，社會上眾說紛紜，仍是一門學問。

3　入行與專業教育

入行難，要生存更難

　　正如前文敘述，要加入殯儀行業，每每有一個非常困難的關卡：如何入行。殯儀這個行業公開招聘人手非常罕有，就算加入了殯儀業，除非那個工作崗位是不需要太多溝通技巧的行動組，否則在組織公司各部門合作以及作為公司和客人的一個主要橋樑，處事待人的技巧非常重要，還得要有非常優良的管理能力，否則各部門調配失衡，會引致非常嚴重的後果。

　　在現今香港的殯儀業，「有客在手」就是王者，老闆也怕你三分。殯儀這個行業充滿禁忌，根本不可能在街上派單張宣傳、賣廣告、作推銷活動，更不可能作電話推銷。那麼如何能夠有足夠的生意支持發展？難道每天冷電（Cold call）查詢有沒有需要殯儀服務的客人？這個當然是一個比較極端的荒謬例子。實際上殯儀業這個行業，口碑和轉介是極其重要的。

　　人際網絡或商業關係網絡，是殯儀業內不可或缺的成功因素之一。筆者在 1996 年入行，當時仍然以家族生意為主，但已經接納女性擔當「行街」，及後因為業內競爭激

烈，很多殯儀公司老闆都會聘請一些沒有豐富經驗，但又有人際網絡，能夠尋找客戶的人進入行業。有些業界銷售員以打麻雀聚會、行山、大食會等不同形式擴闊生活圈子，幫助自己在殯儀業上的發展。由於殯儀業尚未有正式資歷架構認可機制，不管學歷、經驗、操守，只要有生意支持，便會備受公司重用。同時因為這個原因，令殯儀業這個行業非常難有系統的資歷評估，員工質素非常參差。所以，入行是第一道關卡，保持競爭力及持續發展是第二道關卡。

以下是筆者觀察得來有意進入殯儀業外行人所需要的條件：

1. 擴闊生活圈子，認識不同層面的人士，加強人際網絡。你永遠不會知道一個新認識的朋友將會是你的拍檔、客人，還是老闆。

2. 凡事虛心下問，主動工作，因為每一個細節都可能大有學問。

3. 毅力不可缺少，不可因一時運氣未到，生意比較淡靜就立即引退。只要有機會，一單大生意就已抵別人一年的工作量。

專業教育

經過新冠疫情的洗禮，殯儀業顯得獨特，且扮演一個相當重要的角色。一般而言，處理遺體工作好像一個「兵工廠」，需要

精密的團隊合作與不同工作崗位的殯儀業專業人士發揮其專
業知識及技能，用最短時間、最安全的方法，確保逝者由離
世至入土為安的程序，均能快速、無誤及完整。這樣巧妙的
過程全賴殯儀專業人員處理。雖然殯葬服務需求殷切，求才
若渴，但是香港現時提供的殯儀專業教育及培訓課程，可算
是寥寥無幾。過去有些殯儀課程「曇花一現」，但因報讀學
生人數不多、中國傳統文化忌諱、課程欠缺完善配套、資歷
架構認可資格及持續升學途徑不明朗、就業機會及前景不確
定、缺乏專業學會而帶來挑戰。長遠而言，香港殯儀教育要
發展邁向專業化、多元化，應該何去何從？

有學者經過學術研究後，提出以下意見：

·建議一：改善殯儀業專業教育

現行香港殯儀課程主要教授基本殯儀知識、行業道德
操守與禁忌，一些相關課題完全被忽略。經過疫情洗禮，綠
色殯葬成為趨勢，因此，殯儀課程可以引入綠色殯葬，藉此
符合食環署積極推動多年的綠色殯葬發展方針。其次，殯儀
課程可以考慮加入資訊科技運用，因疫情令傳統殯葬運作模
式調整至電子化，網上拜祭便是一個活生生的例子。目前辦
理遺體認領及殮葬手續時，過程繁瑣及冗長，有見及此，
可以把相關手續電子化，從而配合政府發展智慧城市的願
景，便利市民且加強服務透明度。與此同時，殯儀課程應該
加強前線人員的生死教育培訓，入境處、殯儀服務商、醫院

及公眾殮房、食環署均是直接面對逝者家屬的部門及單位，有關前線人員都應恆常化地接受生死教育培訓，並要求從業員具備相關資歷，才有望提升殯儀服務的整體質素。

‧建議二：建立更完善的善終及殮葬服務

政府在 2016 年施政報告中宣佈預留 2,000 億元推動「十年醫院發展計劃」，提升醫院硬件、設備和空間，合共 16 個項目可額外提供逾 5,000 張病床和超過 90 個手術室；而第二個十年計劃正在部署開展，預計為公立醫院增加逾 9,000 張病床。

可惜兩個十年計劃並無為提升紓緩治療及善終服務、開拓殯儀專業教育投放資源。根據政府人口推算，至 2030 年，預計每年會有近 6 萬人死亡，2040 年將增至逾 7.5 萬人，試問現時的善終服務，如何追得上未來社會的需要？香港作為國際城市，注重生活素質之餘，也應重視善終及殮葬服務的質素。政府應加強殯儀專業教育，改善現有的治療及善終服務，讓逝者好好走畢最後一程，同時讓家人好好向逝者道愛、道謝、道歉和道別，協助他們走出傷痛，才能真正做到傳統中國人重視的「福蔭」，惠澤後世子孫。

4 業界操守與道德

　　香港殯儀業偶爾發生有關操守及道德的問題，除不尊重死者，亦令死者家屬加添不必要的麻煩及傷痛。本節主要討論一些真實相關個案。

　　2022 年 5 月 12 日，香港 01 報道，屯門醫院懷疑殮房職員出錯對調遺體，以致家屬領錯遺體，四名職員停職，屯門醫院發出通告表示歉意。根據報道，屯門醫院殮房職員懷疑文件出錯，因兩名分別 83 歲及 84 歲的男死者姓名接近，並在同一時段辦理遺體認領手續，一時不慎互相調換。其中一具遺體已經送往火葬場火化；另一具遺體本準備在醫院殮房小禮堂進行告別儀式，家屬竟然發覺遺體不是其親人，在查證之後證實錯調遺體。醫院方面向兩方家屬表示歉意及深切慰問，並高度關注事件。

　　另一宗案件發生在 2020 年 5 月，東華三院轄下紅磡寰宇殯儀館有懷疑領錯遺體事件發生。事件涉及殯儀館職員嚴重疏忽出錯，並沒有按照既定程序處理屍體，將兩名死者的屍體對調。由於其中一具遺體已經進行火化，事件不能補救，東華三院對事件發出嚴肅聲明及表示歉意，並立即停止涉事殮房員工的工作，向家屬提供一切可行的協助。一般而言，每具遺體都必定配有無線射頻識別標籤，並需要核對遺

體姓名及身分證以作核實，估計今次事件職員並沒有依照既定程序工作，或者自行剪去遺體手帶而出錯。

2006 年 3 月，沙田富山公眾殮房一名 91 歲老翁遺體被另一家屬領走及火化，事件中殮房工人沒有認真核實屍卡及遺體的識別手帶，更故意隱瞞錯誤將遺體調包，結果被家屬揭發。

根據業內人士透露，有小部分安老院舍可能會為了利益，聯同相熟長生店或殯葬公司，違背死者意願來處理其身後事。即使長者生前意願是土葬，但是安老院舍為了索取全部殯葬錢、長生店為了獲得回佣，結果火化死者遺體，更甚者連死者骨灰也不知道存放在哪裏。

亦曾傳出有殯儀策劃師為了豐厚的利潤，企圖誤導顧客，多加幾項收費昂貴、非必要的儀式而賺取更多金錢，其中「破地獄」儀式最為常見。「破地獄」並非每一個道教喪禮必要的，在傳統道教教義中只有未滿 60 歲的死者、枉死或死於非命者等才需要進行「破地獄」儀式。有貧困家庭無法支付高昂的喪禮費用，殯儀策劃師不但沒有刪除非必要支出或減價，反而誘導家屬借錢籌辦喪禮，以顧全先人名聲云云。

偷竊陪葬品時有聽聞。有殯儀從業員因一時貪念偷竊陪葬品，例如：金戒指、玉器、古董、首飾、名錶等，最後典當或變賣。更甚者，殯儀館工人偷走死者陪葬品還債。2001 年 2 月

21 日的報道指，有六名前市政局技工及一名管工被發現在歌連臣角火葬場打開棺木偷取陪葬品，事件被揭發後報警處理，及後警方起訴該七名涉案職員。有職員透露，火葬場職員因貪念，連一包香煙都沒有放過。據悉報警職員不甘心同流合污而被排斥。根據報案人所呈上的 12 幅圖片，被盜竊的物品包括衣服、皮鞋、拐杖、保路華手錶、網球拍、樂器、手袋、手套、香煙等。據報道，價值最高的被盜竊物品是一名社團人士的純金珠粒陪葬品。

每個行業、每一個層面的工作人員都有害群之馬，這個不可能杜絕。這裏的討論並非要抹黑業界，或挑戰業界的道德水準。絕大部分業界職員都是極有道德及教養，並非眼裏只有金錢。這篇幅的文章目的只是希望強調業界應保持操守與道德標準，免被枯枝連累，敗壞同業名聲。

5　超級殯葬城 —— 沙嶺

香港現時的殯葬服務及設施

香港殯儀的習俗與宗教儀式種類繁多，2022 年，香港的主流殯葬方式已是火葬，火葬宗數佔香港死亡人數逾 90%。同時，香港人口老化問題嚴重，隨著人口老化以及人口增長，預計未來數年死亡人數只會節節攀升。現時香港平均每年約 5 萬人離世，預計到 2037 年，每年平均死亡人數數字將上升至 7 萬以上，但香港現存的火葬設備每年僅能提供 5.3 萬節火化時段。雖然短期供應充足，但未來的火葬服務必定不敷使用，出現嚴重短缺。

本港的殯葬服務及設施長期供不應求，不單火葬設施不足，公眾骨灰龕位亦十分短缺。為應付需求，食物環境衛生署修改「近親」的定義，放寬每個龕位可安放骨灰數目上限的規定，期望可更有效利用僅有的龕位空間。自 2019 年起，公營骨灰安置所將有新安排，華人永遠墳場管理委員會和食物環境衛生署先後宣佈不再接受重用骨灰龕位申請，與此同時，食環署內所有新建成骨灰龕位亦從永久使用改為續期存放。然而現有設施仍難以負荷。正因為公眾骨灰龕位短缺問題，私人龕位需求大增，私營龕場以高價出售龕位牟利，私人市場亦衍生了大量涉嫌違規的骨灰龕安置所。因此，《私營骨灰安置所條例》於 2017 年正

式生效，私人骨灰龕位安置所必須有政府牌照才符合經營資格，政府希望透過條例約束骨灰龕安置所的經營。另外，政府就公營骨灰龕位短缺現象，從兩大方向推進：一，增加骨灰龕設施供應，滿足社會的整體需要；二，鼓勵市民接受以更環保及可持續推行的方式處理先人骨灰。

政府近年致力採取不同方案以應付社會對於殯葬服務的龐大需求。由 2010 年至今，政府已就 14 個骨灰安放項目進行諮詢，在 2020 年亦成功落成了數個項目，其中包括了目前全港最大型公眾墳場之一 —— 和合石墳場的骨灰安置所興建及改善工程第一期，除了增加公眾骨灰龕位的供應，因應墓地坡道太多，行人路太窄、老舊等問題，實施道路及設施改善工程，以減少運送棺木時的不便。

沙嶺殯葬城亦是其中一個進行中的項目，由於項目規模龐大而備受公眾關注，更被稱為「超級殯葬城」。該項目分四期進行，首期工程預計能提供 5.4 萬個龕位，最快可於 2024 年完成，屆時將可以分階段提供超過 20 萬個骨灰龕位數目，增設 10 個遺體焚化爐、停屍間、殯儀館和墳場。預計每年可提供 17.8 萬個時段的火葬服務。沙嶺殯葬城旨在成為香港未來主要殯儀及火葬場所，紓緩香港市民對殯葬服務的龐大需求。

沙嶺殯葬城項目的發展

位於羅湖的沙嶺墳場，是香港政府出資在 1954 年建立的墳場，將其他墳場的遺體遷移，火化後重葬於沙嶺公墓，後來主要用於安葬無人認領的遺體。原本的沙嶺墳場屬邊境禁區範圍，必須申請禁區紙進入，因此只有每年清明及重陽前後兩週才開放給公眾拜祭。後來政府於 2016 年 1 月縮減邊境禁區，從此市民可以免申請自由出入。

2010 年，香港政府就骨灰龕政策檢討進行公眾諮詢。為增加骨灰龕設施的供應，政府在 18 區物色了 12 幅可供發展為骨灰龕用地的土地為初步選址，收集市民的意見，北區的沙嶺墳場未發展部分亦被列入其中。2013 年，財委會通過工程規劃撥款逾 6,600 萬港元，進行沙嶺墳場的建造、土地平整工程及基建設計。2014 年，沙嶺超級殯葬城項目展開公眾諮詢。政府計劃將沙嶺土地打造成沙嶺超級殯葬城，為香港首座包括殯儀館、火葬場及骨灰龕等設施的超級殯葬城，目標為市民提供一條龍公眾殯儀及火葬設施服務。2017 年，財委會再次通過 25 億以上港元撥款作前期工程，平整約 1.8 公頃的土地，建造骨灰安置所及上落客區，擴闊沙嶺道及蓮麻坑路，並進行相關的基建工程。2017年 12 月，工程正式動工。2019 年，政府再次向立法會申請 12.4 億元撥款，亦獲得通過。

然而，沙嶺殯葬城自計劃開始就飽受爭議，由於選址距離

深圳羅湖只有數百米的距離，兩地居民反對聲音不斷。根據 2021 年施政報告，沙嶺殯葬城將縮減規模，原定計劃興建的三大項目中，現時只會保留靈灰安置所、約 20 萬個龕位的骨灰龕場，而火葬場和殯儀設施將會擱置。當局稱正積極檢視在其他地方興建火葬場，或增加現有設施的處理量，解決殯儀設施供不應求的問題。2022 年，沙嶺殯葬城基建已經完成，樓宇建設正式展開，預計在 2024 年分批投入使用。

沙嶺殯葬城的爭議與挑戰

沙嶺殯葬城一直飽受爭議，其中最大爭議為選址。選址一向是殯儀場所所面對的最大問題。由於華人的傳統保守觀念，令殯儀設施在香港的接受程度較低，為人避諱，在住宅區及市區附近興建必定引起強烈反對。雖然沙嶺並非住宅區或市區，但距離深圳羅湖僅 300 米，亦鄰近粉嶺，因此引起深圳和粉嶺部分市民的不滿（主要來自風水及景觀問題），質疑港府沒有考慮居民感受以及城市規劃不當。同時亦有立法會議員反對在邊境興建殯葬城，認為這樣會阻礙大灣區發展，犧牲經濟利益。

有關選址的另一個爭議，是交通配套規劃問題。沙嶺位置偏僻，若在沙嶺興建大型的殯葬城，提供約 20 萬個龕

位，在掃墓季節必然造成大擠塞，並影響周圍交通網絡，如何疏導交通將成為規劃的一大挑戰。同時亦有市民表示，香港寸金尺土，現時房屋供應短缺，市民對房屋的需求超過對殯葬場的需求，因此認為香港政府應該將土地預留興建更多的公屋。

同時，選址亦受到環保團體的關注。由於興建沙嶺殯葬城需要平整 1.8 公頃土地，會損失現有林地。工地範圍附近亦有 22 個具保育價值的濕地雀鳥品種，因此殯葬城的建造會對生態保育造成威脅。而工程期間產生的震動，則有可能對周邊的古蹟，如「南坑麥景陶碉堡」等造成沉降現象。

殯儀業界普遍認為沙嶺殯葬城將會導致殯儀業的整體環境陷入不可挽回的災難。一旦政府實施該計劃，殯儀業的工人會因為工作地點太遠而辭去工作，因沒有人願意在偏遠地區工作。現時殯儀業界不知道城內有什麼設施，甚至對計劃零概念。而且，長途運輸成本將使殯儀業界承受高昂的成本，只有政府給予大量現金補貼，才能彌補殯儀業界長途物流運輸的額外費用。或者租金減免是另一種可行的方式。不過對於遺體化妝師來說有利，若殯儀館集中分佈，他們可以在短時間內從一處到另一處提供服務，節省時間和交通成本。

雖然反對聲音不斷，但沙嶺殯葬城亦不缺支持聲音。不少市民強烈贊成沙嶺殯葬城的興建，以紓緩香港殯葬設施的負擔，認為沙嶺殯葬城將有效承託未來中長期龕位需求，因此是必

須興建的，否則香港將面對供應斷層。亦有聲音指，沙嶺本來就有墳場，沙嶺殯葬城只是在原有位置進行擴建，問題不大。而且沙嶺殯葬城建成後，僅是首期工程即可提供 5.4 萬個龕位，紓緩公營龕位短缺且有助穩定私人龕位價格，減輕香港市民殯葬支出。部分殯儀業界人員因為擔心殯儀設施短缺，表示強烈支持沙嶺殯葬城的興建，他們建議沙嶺殯葬城可以提供基礎服務和高增值服務，如交通服務、良好環境、便利店服務、急救服務、宗教服務（教堂、寺廟和道觀），從而提升大眾市民的接受及使用程度。

最終，港府在反對聲音下，決定縮減殯葬城規模，僅興建骨灰龕場，放棄火葬場和殯儀設施。政府其他的殯儀計劃中亦沒有火葬場，卻因反對聲音將唯一的沙嶺火葬場的建造擱置。雖然政府表示將積極尋找代替場地興建火葬場，然而沙嶺的計劃經歷了逾十年諮詢與討論，前期工程亦已經展開，最終卻無法建造，就此，殯儀業界感到可惜；即使現在立刻尋找替代土地，規劃、撥款及建造需時，中長期的火葬服務短缺問題恐怕無可避免。

6 綠色殯葬

香港死亡趨勢

2021 年，香港人口幾乎達到 760 萬。在之後數年，人口增長率將保持在 0.6%。到 2031 年，香港人口預計達到 810 萬的高峰，長者將佔香港總人口的約 30%。男性預期壽命將從 1971 年的 67.8 歲顯著提高到 2066 年的 87.1 歲；女性預期壽命也將從 1971 年的 75.3 歲提高到 2066 年的 93.1 歲。人口老化是香港一個嚴峻挑戰，加上突發的傳染病，未來幾年總體死亡率將呈現上升趨勢。

長久以來，中國人認為「入土為安」的概念是崇敬和榮譽的傳統文化，加上長期的土地短缺，對墓地空間有極大的需求。另外，由於舊有公眾骨灰龕位甚少被回收，龕位長期供應不足，迫使死者家屬考慮以其他方式保存骨灰。過去幾十年，香港的墳場數量保持不變，顯然，現有的墳場數量不足以滿足未來的需求，殯葬情況碰到了瓶頸。為了解決現存問題及應付將來需求，綠色殯葬可能是唯一可持續的解決方案。

香港死亡人數（2014–2020）

	2014	2015	2016	2017	2018	2019	2020
死亡人數	45,087	46,108	46,905	46,829	47,400	48,957	50,666

資料來源：《1986 年至 2020 年香港死亡趨勢》，政府統計處（2021）

綠色殯葬的概念

自 2010 年以來，綠色殯葬的概念在香港興起。綠色殯葬旨在促進可持續發展，符合美好生活回歸自然的信念。食物環境衛生署持續推廣綠色殯葬，包括在紀念花園撒灰進行花園葬，或在海上撒灰進行海葬。過去十年，食物環境衛生署不斷擴展綠色殯葬設施和服務。

·花園葬

死者家屬可選擇自行或在食物環境衛生署指派人員的協助下，將親人的骨灰撒在紀念花園。家屬可繳付港幣 90 元（市區）在紀念花園的牆壁上裝置紀念牌匾紀念先人。雖然食環署會送贈一塊石碑予亡者家屬，但是家屬需自費及自行聯絡石廠辦理安裝事宜。食環署分別在鑽石山及和合石紀念花園設置了簇新的紀念石匾牆及大型美化工程。

食物環境衛生署的 13 個紀念花園位於以下 9 個骨灰安置所：

香港島	九龍	新界	離島
·哥連臣角（1 號［舊］及 2 號［新］）	·鑽石山（1 號［舊］及 2 號［新］） ·富山（沙田）	·和合石（第三期及第五期） ·葵涌（1 號［舊］及 2 號［新］） ·曾咀（流浮山）	·長洲 ·坪洲 ·南丫島

紀念花園　　　　　　　　資料來源：聖雅各福群會

・海葬

　　在取得食物環境衛生署的批准後，死者家屬可以把亡者骨灰合法地撒放在本港海域的三個指定地點內，分別是：塔門以東、東龍洲以東及西博寮海峽以南的海域。

西博寮海峽以南	東龍洲以東	塔門以東
· 北緯 22-10.50 度； 東經 114-01.0 度	· 北緯 22-15.38 度； 東經 114-18.7 度	· 北緯 22-30.83 度； 東經 114-24.1 度
· 北緯 22-10.50 度； 東經 114-06.0 度	· 北緯 22-15.38 度； 東經 114-20.1 度	· 北緯 22-30.83 度； 東經 114-27.0 度
· 北緯 22-09.00 度； 東經 114-06.0 度	· 北緯 22-14.18 度； 東經 114-20.1 度	· 北緯 22-29.36 度； 東經 114-27.0 度
· 北緯 22-09.00 度； 東經 114-01.0 度	· 北緯 22-14.18 度； 東經 114-18.7 度	· 北緯 22-29.36 度； 東經 114-24.1 度

死者家屬可自行安排船隻前往上述指定地點，食物環境衛生署亦設有「海上撒灰渡輪服務」，僱用可接載多於三百名乘客的大型渡輪，免費接載市民進行骨灰撒海儀式。大型渡輪不但可提供更寬敞的場地，讓家屬順利進行悼念儀式，而且可為家屬提供舒適的環境及更安穩的航程。渡輪上有專業禮儀師（另收費）協助市民進行簡單悼念儀式。

渡輪班次逢星期六出發（公眾假期除外），於上午 9 時正由北角東渡輪碼頭前往東龍洲以東及西博寮海峽以南的海域。每次可接載 25 名申請人，每名申請人可攜同最多 10 位家屬上船，如有需要攜同更多親友出海，申請人可以聯絡食環署以作適當安排。死者家屬可在渡輪上進行簡單悼念儀式，惟禁止妨礙他人的活動、行為，或構成滋擾。與此同時，死者家屬只許將小量鮮花及先人骨灰拋進海中。2014 年清明節，食物環境衛生署於春秋二祭前後安排免費紀念航程，邀請及接載曾使用免費海上撒灰服務的人士，前往有關的指定海域悼念先人。

1 海上撒灰渡輪服務。資料來源：聖雅各福群會
2 3 海上撒灰。資料來源：聖雅各福群會

香港綠色殯葬的現狀及挑戰

　　筆者與香港綠色殯葬發展的主要相關人員進行了深入的訪談。由於保密協議，受訪者的詳細信息不會披露。受訪者包括殯儀物流公司、殯儀服務提供者（例如墳場、殯儀館主任、持牌殮葬商）、宗教團體（例如天主教、基督教、佛教等相關團體）、醫療服務專業人員（例如康復治療師、安老院負責人）、中學學校教師（例如宗教教育科教師）、輔導員和香港居民（例如亡者家屬、水上人等）。訪談問題著重探討市民在選擇綠色殯葬和傳統殯葬時的主要考慮因素；如何進一步推廣綠色殯葬策略，以提升公眾對綠色殯葬的認識；以及來自創新技術（虛擬實境，內容、特效、佈局設計和場景）的模擬體驗，如何改變公眾對綠色殯葬的接受程度。

　　受訪者都指出了部分市民選擇綠色殯葬的理由。上世紀中後期，香港人口急劇增長，加上土地資源稀缺，公眾龕位和墳場的等候時間增長了不少。有受訪者強調，香港公眾骨灰龕位平均等候時間為四年；殯儀館經營者亦指，2019年的 215,145 個公眾骨灰龕位短缺將急劇增加到 2023 年的 398,145 個。在一定程度上，死者家屬選擇綠色殯葬後，他們認為自己是一個負責任、環保的公民。有受訪的死者家屬表示，綠色殯葬可以幫助先人回歸自然（即「塵歸塵，灰歸灰」），亦不會造成任何時間成本和經濟負擔。從佛教的角度來看，每當他們去紀念花園時，他們與先人都是相連

的，這相當於一種歸屬感。

　　受訪者還強調，當食環署強制要求家屬將公眾墳場內土葬六年的遺骸移走，家屬將面臨複雜的程序。如果遺體在挖掘令期滿後仍未「執骨」，政府將對其進行挖掘、火化，並將骨灰重新安葬於羅湖沙嶺金塔墳場或食環署署長指定的其他金塔墳場。換句話說，傳統的土葬造成了無人認領屍體的嚴重問題。此外，後人移民以及死者與家人和親屬的疏遠關係，導致不少市民重新審視和思考以綠色殯葬取代傳統的葬禮。因此，受訪者表示，綠色殯葬會讓先人去世後更加舒適及受到尊重。

香港綠色殯葬服務的使用情況（2016–2021）

年份	紀念花園撒灰	海上撒灰	綠葬服務總數 *	佔死亡總人數比例	火化總數	土葬總數
2016	4,466	900	5,366	11.5%	43,556	3,253
2017	5,573	966	6,539	14.3%	42,809	2,962
2018	6,074	972	7,046	14.8%	43,803	3,136
2019	7,010	899	7,909	16.2%	45,543	2,780
2020	6,822	854	7,676	15.2%	/	/
2021（截至8月）	4,863	592	5,455	15.7%	/	/

* 數據包括私人墳場

資料來源：財務委員會，香港特別行政區政府（2021）

不過另一方面，綠色殯葬仍未成為社會主流，發展相
對緩慢。公眾對綠色殯葬的接受度仍然是一個值得商榷的問
題。2016 年，申訴專員公署批評食環署推行的綠色殯葬服
務無效。上表描述了香港在 2016 至 2021 年間綠色殯葬服
務的使用情況。

在訪談過程中，大部分受訪者表示不了解綠色殯葬的
概念，原因在於：（1）宣傳工具和了解渠道不足；（2）甚
少朋友、同事介紹綠色殯葬服務的優點；（3）父母與孩子之
間缺乏有關死亡議題的溝通。事實上，受訪者強調，無論是
在紀念花園撒灰，還是在海上撒灰，都會讓人覺得不敬、輕
浮，容易忘記祭拜。最重要的是，受訪者擔心食環署會以不
專業的方式，將他們的骨灰與他人混在一起進行殯葬。

大部分人的不情願是因為傳統的植根。從中國傳統觀
念來看，綠色殯葬無法保存全屍，在人們眼中是一個「簡
陋」的葬禮。宗教信仰更強化了人們應該尊重遺體、骨灰的
思想，從天主教和基督教的角度來看，聖靈的確認，身體
已經成為聖靈的殿堂，因此骨灰應存放在珍貴的器皿中。
遺體骨灰被要求安葬在墳墓、陵墓或骨灰龕位中；而將骨灰
撒進在海裏、空中、地面上，或保存在死者家屬、親友的家
裏，這不是一種體面的方式。為緩解靈龕和墓葬的短缺問
題，香港天主教教區不僅擴大了墓地的土地面積，還允許家
人之間在同一靈龕或墓葬中合葬。

　　此外，有殯儀物流公司及持牌殮葬商表示，綠色殯葬的興起將影響墓地和棺木的利潤。在傳統的墓葬中，死者家屬通常選擇中式棺木（實木或香木），價格可以高達二百至三百萬港元，綠色殯葬的環保棺木收費則只由 6,000 港元起。此外，某些方面服務（例如「執骨」）將逐漸減少並最終導致未來的失業問題。

虛擬實景 —— 推廣綠色殯葬的發展

　　為緩解殯葬需求，香港特別行政區政府通過各種印刷和社交媒體，致力推廣綠色殯葬。這種宣傳方式對公眾意識造成的影響有限，市民對綠色殯葬的接受程度仍然值得商榷。而且，綠色殯葬的相關研究亦相當缺乏。

　　為此，我們於本節建議採用創新技術，即以虛擬實境（Virtual reality）提供高度相似的場景，掌握人們面對綠色殯葬的心理感受。在一方面，當人們考慮使用綠色殯葬前，透過虛擬實境模擬不同情況（物理保真度），可以為人帶來不可估量的價值。另一方面，虛擬實境可以模擬人投入綠色殯葬時的心理過程（心理保真度），以及了解一系列的認知反應和情緒。在研究中，我們調查了：（1）創新技術提高物理保真度在多大程度上打破了公眾對綠色殯葬的誤解？（2）創新技術提高心理保真度在多大程度上打破了公眾對綠色殯葬的誤解？（3）創新技術的模擬經驗在多大程度上改變了公眾對綠色殯葬的接受程度？

·虛擬實境設計發展

筆者提出用虛擬實境部署綠色殯葬：（1）虛擬實境項目不僅可以讓公眾在可控的條件下體驗綠色殯葬環境，還可以讓他們從中了解綠色殯葬的進行；（2）虛擬實境可以重複播放，無須用不符合公眾要求的真實情況進行演示；（3）虛擬實境杜絕了資源浪費；（4）虛擬實境程序允許模擬環境提供一種自然的感覺。以下展示了虛擬實境綠色殯葬部署框架的工作流程。在我們的開發中，該過程分為以下九個主要步驟：

虛擬實境綠色殯葬框架的工作流程

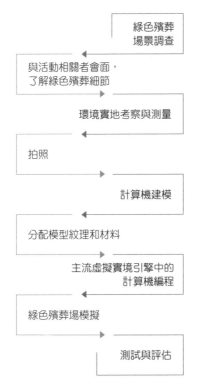

在這項虛擬實境綠色殯葬計劃中，有幾個關鍵問題，包括內容設計、計算機編程和項目傳播。設計內容涉及幾個步驟。首先，制定綠色殯葬場景，用於向參與者傳遞綠色殯葬信息，因此它在初始階段應該進行良好的設計，例如所涉及的虛擬環境和對象、向參與者提供什麼樣的體驗、任何必要的互動等等。其次，虛擬實境綠色殯葬項目的開發者需要與利益相關者會面，以了解參與者的期望和綠色殯葬的其他細節。為增強綠色殯葬中虛擬境和物體的視覺逼真度，提供用戶逼真的體驗，開發人員需要進行實地參觀、拍照和測量實物的尺寸。再者，進行計算機建模，以構建虛擬實境程序中涉及的虛擬環境和 3D 對象。最後，虛擬場景、材料和紋理的照明將分配給 3D 模型進行。

內容設計完成後，將進行計算機編程，打造虛擬實境綠色殯葬體驗。計算機編程是將物理模型、虛擬對象集成到沉浸式虛擬現實系統中的技術部分。傳感器和跟蹤器用於追蹤虛擬環境中的位置和方向，以便參與者可以在必要時與虛擬環境進行交流。該系統允許虛擬對象和參與者之間的實時交流。另一方面，如果有必要，此程序還將允許模擬綠色殯葬場景中的個體間變化。最後，在項目傳播中，將模擬各種綠色殯葬場景，考察虛擬環境項目的效果。我們將對虛擬環境程序進行測試和評估，以及進一步改進的可能性。

虛擬環境開發的頂層是一些需要包含在程序中的信息，包括在虛擬環境程序中的虛擬環境、模擬或動畫，以及虛擬對象的

模擬行為。在中間層，建模和計算機編程需要幾個軟件套件，常見的建模工具包括 Blender、3Ds Max 等。Unreal 和 Unity 是開發虛擬環境程序最常用的引擎。

虛擬環境硬件包括頭戴式顯示器和手持式控制器。頭戴式顯示器不僅用於向用戶提供立體圖像和音頻效果，亦用於確定用戶的實時方向和位置。實時方向和位置至關重要，因為它允許用戶在必要時使用手持控制器與虛擬對象進行交流。這些設備將通過無線網絡連接到計算機，以流式傳輸實時場景並收集用戶數據進行交流。

・物理保真度和心理保真度

現時，食物環境衛生署透過傳統的宣傳工具及渠道，例如海報、影片、傳單、報章、電視節目、網站等推廣綠色殯葬。在我們的訪談過程中，大多數受訪者表示這些宣傳工具未能說服他們改變觀念，從選擇傳統殯葬方式轉變為綠色殯葬方式。背後的原因是他們無法感受綠色殯葬的價值，無法理解綠色殯葬如何在生命結束後產生和平、歡樂和尊嚴。通過使用虛擬環境現實技術，可以營造綠色殯葬物理和心理上的保真度，讓人們了解生死過程。

醫學界對虛擬環境作為培訓工具普遍存有懷疑心態，導致 1990 年代時推廣較少及人們接受度較低。科技的進步促進了虛擬環境在醫療保健和醫療培訓中的應用，並因虛擬

環境對保護患者安全有正面影響而被廣泛接受。先前的研究表明，虛擬環境模擬器提高了用戶對主題的理解並帶來了更好的表現，例如減少了手術中的錯誤和提升醫學系學生的學習效率。3D 場景模擬的保真度和相似度，使醫生能夠吸收患者感官反應並獲得手術和介入性心臟學的技能。

物理保真度被定義為用戶呈現狀況的接近程度，例如物理設置或使用設備模擬真實環境。在綠色殯葬虛擬環境模擬中，用戶可以體驗到物理保真度，包括傳統火葬和綠色殯葬所涉及的過程和裝飾，模擬環境使人們能夠識別綠色殯葬與可持續性和環保實踐的關聯。

心理保真度被認為是用戶在反映現實世界的模擬情況下，其心理和情感過程的相似程度。受訪者認為，在提議的研究中，呈現給用戶的信息或上下文，如綠色殯葬、回歸自然，可以持續不斷地傳遞。在整個綠色殯葬虛擬環境模擬過程中，用戶可以根據墓地或紀念花園的畫面和場景來調整他們的認知過程，同時可以進一步測試他們的情緒及對模擬環境的反應，以評估他們對綠色殯葬的認知或情感接受程度的變化。

展望與將來

　　香港土地供應非常有限，傳統的土葬服務變得昂貴及珍貴。為此，綠色殯葬是對土地資源稀缺而產生迫切需求的最佳解決方案，也是減輕家屬經濟負擔的途徑。此外，殯葬服務用戶現時依靠信息技術獲取最新的殯葬信息、探索新知識及參與諮詢服務。虛擬環境增強了創新技術的物理和心理保真度，釐清了公眾對綠色殯葬的誤解。為了實踐使用虛擬環境來推廣綠色殯葬，探索合適的時機、合適的推廣渠道和合適的人是至關重要的。就時機而言，食物環境衛生署可在每年清明節及重陽節期間進行更多推廣，這兩個節日擁有重要的掃墓傳統習俗。在合適的宣傳渠道上，食物環境衛生署可與安老院合作，向長者及其子女或親屬提供更多資訊。此外，食物環境衛生署可嘗試與宗教團體、中學和大專院校合作，提供生命教育，通過採用虛擬實境來強調綠色殯葬的價值。綠色殯葬的信息較適合向年輕　代、長者照顧者以及有資格獲得長者卡的人（65 歲或以上）傳遞。由於綠色殯葬對香港市民來說是一個新穎概念，我們需多加利用虛擬實境技術以及提供時間，讓公眾逐漸接受綠色殯葬。

7   網上墓園，線上拜祭可行嗎？

食物環境衛生署開設了「無盡思念」網上追思服務網頁（https://www.memorial.gov.hk），親友可為離世者開設紀念網頁，上載文字、錄像、圖片等，永遠保留對離世者深刻美好的回憶。市民只需在「無盡思念」網站輸入簡單資料（包括申請人的電郵地址及離世者的個人資料），便可以為離世者開設紀念網頁，揀選喜愛的版面設計、撰寫離世者生平、上載相片、錄像及設定多項功能，亦可設定紀念網頁是否公開予公眾瀏覽。

離世者只需符合以下任何一項條件，親友便可在「無盡思念」網址為其建立紀念網頁：
- 在公眾墳場安葬；
- 在公眾骨灰安置所安放骨灰；
- 在公眾火葬場火化；
- 在食物環境衛生署指定香港水域／紀念花園撒骨灰；
- 在食物環境衛生署骨灰暫存設施暫存骨灰；
- 在食物環境衛生署安放流產胎設施安放胎兒；
- 在景仰園／浩園安葬；
- 生前為香港居民，而其遺體或骨灰安葬或安放於香港的私營骨灰龕或私營墳場。

值得注意，凡安放或安葬於香港私營骨灰龕場或私營墳場

的離世者資料，必須經食物環境衛生署的電腦系統核實。如該系統未能核實輸入的資料，申請人可能需要提交證明文件，申請會由專人另行處理。

筆者就線上拜祭為主題進行訪談，有些市民接受線上拜祭，主要原因是他們覺得線上拜祭可以為市民大眾提供多一個選擇，何樂而不為？再者，新冠疫情影響、移民浪潮、青年習慣、新科技發展等因素，促使線上拜祭成為未來趨勢。與此同時，線上拜祭可以讓忙碌港人隨時拜祭先人，不受地域空間的限制而在網絡上進行祭拜，表達無盡思念。對於長者及傷殘人士，線上拜祭可免卻舟車勞頓之苦。線上拜祭符合環保安全原則，避免傳統祭拜活動（清明節、重陽節）所產生的交通堵塞及環境污染。清明時節正逢初春，重陽節正逢天乾物燥，人們在祭拜時所焚燒的香蠟、花圈、紙錢、冥鏹等物件極易引起火災。更重要的是，線上拜祭可以永久保留逝世者的生平傳記、錄像、圖片，使子孫後代了解逝者。

然而，部分市民傾向只接受傳統拜祭。首先，一般長者對科技仍不太接受。其次，祭祖是中國傳統文化中重要一部分，線上拜祭難以替代傳統拜祭。再者，傳統家庭概念中認為祭祖活動可以讓親友聚在一起，這也是體現宗族及家庭的團結及凝聚力的活動。在傳統中國社會中，墓地安放著親人的遺骨，這是先人「落腳點」，只有到墓地去才有祭祖的氣氛，表示尊重，否則，有違慎終追遠傳統文化，或被視為不孝。

第九章

臨終
小故事

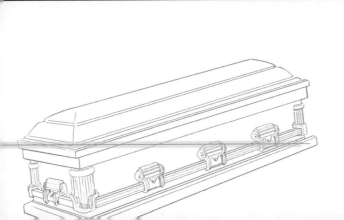

　　本章節主要分享六個臨終小故事，包括：「白頭人送黑頭人」、「放手也是一種愛」、「迴光返照」、「第二妻子突然現身」、「好好道別」、「遺物的處理及儲存」。這些臨終小故事都是取材自筆者過去處理的真實個案及見聞。故事主要展現死者家屬與臨終者共度最後時光、如何表達對臨終者的心情及情緒、如何為臨終者準備死後的安排，以及陪伴臨終者走人生最後一段路等細節。

1 白頭人送黑頭人

白頭人送黑頭人,這是非常痛苦的經歷,是十分難過的。一般來說,假若離世者是成年子女,對於不少長者來說,會視為是白頭人送黑頭人,違反了自然定律。為免長者過於悲傷,慣例他們都不會出席喪禮;但事實是,「黑頭人」若不幸離逝,即使「白頭人」不出席喪禮,其悲痛仍是不可言喻,非筆墨所能形容的。

這是筆者第一次處理「白頭人送黑頭人」的個案。陳先生是一位五十多歲的男士,在朋友眼中,他是一名典型的好丈夫、孝順仔,平日下班後便和太太一同做運動,假日必會帶同太太探望父母,一家聚會飲茶,家人關係非常融洽。直至一天,陳先生自覺咳嗽一直未清,照肺片後,醫生告知他患上了末期肺癌。陳先生一家難以接受事實,陳先生亦因為受此事煩惱而主動聯絡社工傾訴。

陳先生自問沒有做過作姦犯科的事,慨嘆為何上天會選中他,他仍有很多事希望退休之後與家人一起去做,但現在卻時日無多。他更擔心的是自己是家中獨子,年邁的父母未必能接受,所以一直未有告知父母。陳先生表示會積極接受治療,在太太的支持下,他嘗試接受化療及標靶治療,但成效不似預期。

　　陳先生的病情急轉直下，由得知自己患上末期肺癌到入院接受紓緩治療，只有不足兩個月的時間。太太擔心繼續隱瞞父母，怕會追悔，結果陳先生父母得知愛兒情況後，情緒接近崩潰。父母探望兒子時，陳先生身體已經非常虛弱，連說話的氣力也近乎沒有。我每次去探望陳先生及其家人時，均感受到他們的傷痛。到後期，陳先生已陷入半昏迷，兩老一直陪伴在旁，情緒也尚算冷靜。滿頭白髮的陳老媽媽捉住我的手，問：「馬姑娘可否告知我，我的愛兒只是睡一會，他很堅強的，他之後一定會好起來？」我與陳老媽媽對望，只可輕輕握住她的手。

　　某天晚上，陳太太來電，告知陳先生已經彌留，我立即趕往醫院。兩老已到場，陳太太此刻比想像中堅強，她安排各人逐一在陳先生耳邊輕輕道別。陳先生的呼吸愈來愈微弱，血壓亦開始下降，大約 15 分鐘後，陳先生的維生接駁器靜止了……陳太太在陳先生耳邊輕聲道：「老公路上一切小心，不用掛念我們，我會好好照顧老爺奶奶的，我們之後一定會再見。」此時陳老媽媽已泣不成聲，不斷叫著兒子的乳名，我輕捉住陳老媽媽的雙手。

　　陳太太請我陪兩老前往休息室，她表示要等到護士來替陳先生清潔身體後，才會過來。在休息室內，陳老媽媽緊握我的手，不斷自言自語，說是否自己做錯了什麼，所以報應在兒子身上，而陳老爸爸則獨自坐在一角不發一言。過了一會後，陳老爸爸對妻子說：「你一會在家嫂面前不要哭哭啼啼，她要處理的事

已經夠多了,不要讓她擔心我們。」20 分鐘過後,陳太太來到休息室,表示已替陳先生抹身,他很安詳,並感謝我陪伴兩位老人家。我替他們三人截了一輛的士,各自回家去。

一星期後,陳太太告知陳先生的出殯及守靈的日子,我向她表示可以早一點過去幫忙打點。守靈當晚,兩老亦有到場,陳太太擔心兩位老人家承受不住,故託我幫忙照顧。當晚兩位老人家表現很平靜,但當親戚朋友過去安慰他們時,哪怕是輕輕的擁抱或是輕捉他們的雙手,陳老媽媽便會流下眼淚;陳老爸爸則依舊靜靜垂頭坐著,不時望向兒子的遺照,輕聲細說,好像是在向愛兒傾訴什麼似的。

出殯當天,我一早到場,陳太告知昨夜已苦勸兩位老人家不要出席,免得「白頭人送黑頭人」,但兩老堅持要送兒子最後一程。我一直陪伴兩位老人家,他倆起初也蠻平靜的,直至瞻仰遺容儀式時,我見陳老爸爸腳步浮浮,由一位親友攙扶走到棺木旁,他突然伏在棺木上不斷叫兒子起來,他大聲喊道:「我要叫他起來,他好堅強的,一定會再起來。他一向孝順聽話,我叫他起來,他會聽到的,他一定會聽到的,他會再起來的,大家給他一點時間……不要蓋棺,請大家給我兒子一點時間。老天爺你要罰便罰我,為什麼你這麼忍心,要我『無仔送終』,我究竟做錯了什麼?請求你大發慈悲、網開一面,放過我兒子!」在旁的人士見狀無不動容。除了不斷安慰陳老爸爸外,很多在場的親友都忍

不住放聲大哭，陳老媽媽捉緊我的雙手，表示自己已腳軟，不打算瞻仰遺容。我陪伴著她，向她表示就靜靜地坐著送陳先生最後一程。陳老媽媽點頭，眼淚已徐徐落下。

對不少長者來說，「白頭人送黑頭人」是違反了自然定律的。如果死者是家中唯一男丁，長者認為「無後為大」，對此更加悲痛不已，出現強烈的內疚感，歸咎子女的死為自己的報應，以致「無仔送終」。「白頭人送黑頭人」的悲痛，非筆墨所能形容，陪伴及聆聽比起其他安慰的說話，來得更為合適。個案中陳老爸爸就是認為自己做錯事受上天懲罰，以致「無仔送終」，兩老均接受了一段長時間的輔導服務，之後情緒已有好轉。

現時社會均對晚期病患者及其家人提供不同類型的支援，讓患者從中得到安慰和支持，活著時更有尊嚴，且能更有意義地走完人生的旅程；也協助喪親者安然地與家人道別，在經歷生死離別的過程中，放下傷痛，重拾信心，重整生活，活出精彩的未來。醫院管理局轄下有多間醫院均有提供紓緩治療服務，為末期病人提供全面的綜合專科治療護理，包括：身體症狀控制的紓緩治療、病人及家屬的心理輔導和支援、協助病人克服社交困難及心靈上的支援。每間醫院的服務範疇有所不同，詳情可致電各醫院查詢。另外亦有不少政府資助及非政府資助的慈善服務機構提供相關支援，包括：聖雅各福群會「後顧無憂」規劃服務、循道衛理灣仔長者服務中心「豐盛圓滿」生命關懷計劃、香港復康會「安晴‧生命彩虹」社區安寧照顧計劃、白普理寧養中心「哀傷

服務」、基督教靈實協會「安居晚晴照顧計劃」、聖公會聖匠堂「護慰天使」計劃、救世軍「香港安老院舍完善人生關顧計劃」、贐明會、善寧會、榕光社等。如欲了解每間機構的服務範圍,可到相關網址或致電機構查詢。

2　放手也是一種愛

　　醫院內不乏頑疾纏身的病人，亦有些生命已差不多到了盡頭的病人。筆者曾聽到別人勸誡這些家屬：「該是時候放手了。」有家屬聽到這樣的意見，作以下的回應：「他還在呼吸，還有心跳，他仍在堅持，你叫我怎麼放手？」亦有家屬說：「他這麼年青，一定要用盡所有方法去救他，我們相信會有奇跡。」再有：「他昏迷前沒有說要放棄急救，我們要和他一起堅持到最後。」亦有：「雖然他已經昏迷，但我寧可每天到醫院見見他，和他訴說一些生活的逸事。這已經足夠，哪怕他已經沒法回應我。」其實說到底，都是捨不得，面對至親至愛的人在病床上，見到他受末期病的纏擾，雖然難受，但只要有一絲的希望，家屬也是想堅持的。

　　阿明（化名）是末期癌疾病人，醫生告知他其疾病無法治癒，且病情進展至死亡已是不可避免的了。阿明亦很清楚明白自己的病情，他的太太阿娟（化名）想盡各種辦法幫他治療，亦有外出找中醫到醫院替阿明問診，以胃喉餵藥給阿明。到後期，阿明的病情令痛楚伸延至其身體各部位，痛到根本無法入睡，甚至要以打孖啡針才能止痛紓緩。醫護於阿明清醒時，詢問他是否同意簽 DNR（Do Not Resuscitate）同意書，即病危時放棄心肺復甦術、放棄急救的同意書，阿明表示要問太太阿娟是否同意。不過，其實阿明知道阿娟是絕對不會放棄他，且不

會同意他簽 DNR 的，他知道太太對他的愛及不捨，於是他
決定讓自己餘下的生命時間，全交給阿娟決定。阿明臨終
前，阿娟堅持要醫生替阿明做心肺復甦，可惜的是三小時
內兩度的心肺復甦，阿明的情況仍然轉差。醫生向阿娟表
示，如再做心肺復甦，阿明的肋骨可能會折斷，阿娟才同
意放棄急救。放棄急救後 20 分鐘，阿明平靜地離去。

　　筆者與醫護在某次會議作個案交流，他們分享了很多
末期病患者的故事，他們瀕死前還飽受各式各樣的痛苦。
不少家屬以為拚了命「救命」才是愛，其實那只會讓病人
更加痛苦，很多時病人是為了滿足家人的期待，只能痛苦
地活下去。

　　香港目前也有不同機構提供善終服務（詳情參見上一節
「白頭人送黑頭人」），目的是當疾病已經到達無法治癒的階
段時，以藥物及其他輔助儀器紓緩痛楚，以及有個別醫院提
供由牧師或法師等主理的宗教靈性治療。目標不再是延長病
人生命，而是提升病人的生活素質、減輕痛楚，讓患者能擁
有尊嚴，完成其心願，讓其平靜安然逝去，家屬也能勇敢地
撐過哀傷，重新開展自己的人生。

　　在末期病患者有限的生命裏，生命的長短已不是唯一
要關注的事項，而是如何在餘下時間提升其生活素質。醫院
裏很多看似很殘忍的決定，其實回到原點，都是因為愛與

不捨，才使人感覺殘忍。所以除了平常生活中的珍惜與關愛以外，如患者可以跟家人好好道謝和道別，以達到生死兩無憾，放手也可以是一種愛。

3 迴光返照

　　世上真的有迴光返照這回事嗎？迴光返照，大多數人會理解為晚期危重病人臨終前出現反常的短暫好轉現象，他們突然變得神采奕奕，還能跟旁人侃侃而談，感覺起來像是病情好轉；可是沒多久之後病患狀況卻急轉直下，與世長辭。在醫學的診斷上，沒有「迴光返照」的用語，但通常會稱作「suddenly alert in a limited period」。而筆者在處理幾宗臨終個案時，竟不約而同的遇上類似迴光返照的經歷，以下跟大家簡單分享。

　　四十多歲患末期腸癌的男士阿強（化名），從不煙酒，早睡早起，作為長跑愛好人士，一次他因突然暈倒運動場上被送往醫院，診斷出患末期腸癌。由於年輕，醫生建議積極治療，阿強也相信自己身體可以承受，於是積極配合。三個多月的治療時間，病情未有好轉，阿強身體日漸虛弱。阿強病情進一步轉差時，醫生向他及其家人解釋有關不作心肺復甦術（Do Not Attempt Cardiopulmonary Resuscitation, DNACPR）的做法，而他們亦同意了相關安排。過了不久，阿強陷入半昏迷狀態，時醒時睡超過兩個多星期，沒有進食，只靠靜脈注射維生。

　　忽然一天中午，阿強家姐來電，告知阿強神智清醒，很想喝奶茶，我也趕到醫院探望。阿強精神煥發，坐在床上喝奶茶、吃菠蘿包，家人均表示這是奇蹟，同時叫了阿強的朋友到醫院探望。那天，阿強也有跟我閒談了好一會，特別提到他最愛的奶茶和菠蘿包，還告知我哪一間餐廳最有名，叫我有空時一定要去試吃。傍晚時分，各人陸續散去。第二天中午，我接到阿強家姐來電，表示阿強剛離開人世返天家，家人都在場陪伴他離開。當下，我心想昨天下午阿強精神的模樣，大家也以為是奇蹟。難道當下是阿強的迴光返照，要完成他未了的心願嗎？

　　是否每個病人精神煥發、與眾人有說有笑才算迴光返照呢？以下是筆者經歷的另一次疑似迴光返照的個案。吳先生患有末期癌症，已昏迷超過一個月，要插胃喉及用呼吸機，每次到醫院探望時只見他像沉睡了一樣。我主要跟他的太太傾談，作情緒支援。吳太太明白吳先生的離開是遲早的事，只是他一日還有呼吸、心跳，吳太太都會每日堅持到醫院探望他，在吳先生身邊說一些家常話。

　　吳先生走前一星期，他的心跳及血壓指數一直都維持於較壞狀態，醫生已告知吳太太要有心理準備，吳先生有機會隨時離世。醫生亦准許吳太太可 24 小時留醫院陪伴。吳太太告知，吳先生的維生指數情況時好時壞，她表示已有心理準備，只是不知還可以支持多久。在吳先生離世前幾天，他的血壓、血含氧量及心跳都很反覆，吳太太很是擔心，日夜守候陪伴。

　　某天吳太太來電，表示吳先生的血壓、血含氧量及心跳都變得穩定，於是當天我便前往探望，見吳先生的面色紅潤，且維生指數很良好。我與吳太太閒談後，她表示想外出買些補充品，請我多留一會留意吳先生情況。其間，一位醫院清潔姨姨經過，輕聲問我：「你是吳先生的親戚嗎？」我搖頭，回答是他的朋友。那位清潔姐姐續說：「吳先生早幾天的血壓心跳很反覆，今日情況如此穩定，很大機會是迴光返照，你叫吳太太盡量守在旁邊吧。」說畢她便繼續清潔的工作。

　　過了一會，吳太太買了補充品回來，表示見吳先生今天的情況較為穩定，故打算先行回家小休一會。正當吳太太準備和我一起離開醫院時，清潔姨姨行近吳太太身邊輕聲說道：「不要離開醫院太久，快點回來陪伴他吧。」說畢便走開了。吳太太聽後，沉靜了一會對我說：「我還是留守醫院陪伴他吧。」我輕輕握住她的手，請她如有什麼需要，可隨時致電。吳太太點頭。第二天早上，我收到吳太太的WhatsApp，她表示吳先生已於今早凌晨時分離開了，自己一直陪伴著他，直至他安詳離去。這刻，我不禁回想昨天清潔姨姨的一番話，難道她真的預計到吳先生昨天是迴光返照嗎？

　　一位醫護朋友與筆者相識超過十年，一次閒談期間談到迴光返照這回事。他表示迴光返照在醫學上應該是指「臨

終清晰期」。他曾在加護病房工作，看到很多昏迷多時的病人忽然清醒，和親人簡短交談；或是原本喪失食慾、不吃不喝的人，突然想吃東西，看似重拾胃口。這些看似病情「減輕」的現象，其實是假象，讓人錯以為病人轉危為安了。他表示「臨終清晰期」的到來，也許是為了給家人一點安慰，可利用這段短暫的時光，對病者說出愛與感謝，以及其他珍重再見的說話，讓病者與家人好好道別，陪伴他走完人生的最後一段路，以免留下遺憾。但當然，他表示不是每個病患於垂危時都會有這個「臨終清晰期」。

4 第二妻子突然現身

在籌備葬禮前，家屬首先處理的，基本上都是揀選一張先人的相片，在靈堂大堂內展示。在過往的工作經驗中，一次在協助家屬揀選先人相片時，便發生了一段插曲。

梁太的丈夫因肝癌病逝，離世時約 50 歲左右。梁太在處理丈夫的遺物及揀選靈堂相時，無意中發現了梁先生與一位女士的親密合照，她告知我此事時「口震震」般，她表示不敢相信，因為在她心目中丈夫是一名一百分的好丈夫、好爸爸，做夢也不敢想像他有可能出軌。但丈夫已經去世了，她亦沒有法子問明白。她對自己說這也許是個誤會，也沒有將這件事告知身邊任何人，反而，她覺得找名局外人說出來感覺自在些，我也很願意擔當她的聆聽者。

應梁太的要求，梁先生守靈及出殯當天，我也有到靈堂陪伴她。守靈當晚，時間尚早，靈堂剛剛才佈置好，一位打扮樸素的中年女士手持公文袋行近梁太，她向梁太表示她也想披麻戴孝，隨即她取出一些文件給梁太看，梁太看後，站不穩，我扶住了她。梁太示意堂倌安排麻衣給這位女士。

我扶著梁太到一旁休息，她輕聲對我說，原來自己才是第三者。她停頓了一下，再說：原來這位女士是丈夫在內

地娶的第一任妻子，而自己則是他在香港娶的第二任妻子。她指
當日找到那些相片，還以為他出軌，原來自己才是第三者。說
畢，我看到她的眼神除了傷心，也包含了一些憤怒。那位女士穿
了麻衣後走近梁太，她表示自己沒有惡意，不是為錢而來，也不
是有意搗亂喪禮，她只是想盡一點妻子的本分。這位女士叫阿翠
（化名），她表示一直知道丈夫在香港有妻子，但從沒有打算要
求前往香港，自己是一個鄉下人，沒有兒女，丈夫有空時便會回
鄉見她，給她寄一些錢，她也沒有什麼要求。聽到這裏，梁太向
阿翠表示：「我明白你不是來搗亂或要求什麼，不過一下子我接
受不來，你讓我冷靜一下，專注處理丈夫的喪禮。」這也是梁太
的真心話。就算一個再明白事理的人，當下也真的很難接受。在
整晚守靈的過程中，梁太與阿翠基本上是零交流。

到第二天早上出殯，我見梁太已收起了眼淚，很公式化的
希望盡快完成整個儀式。在纓紅宴上，即便梁太與阿翠坐同一
席，但依舊沒有交流。直至散席時，阿翠走近梁太，表示她會於
明天坐直通車返回廣西鄉下，梁太輕輕回答：「保重！」

過了大約兩星期，梁太致電，表示想找人傾訴一下。我前
往梁太家中，她安靜地打開她和丈夫的相簿，相簿內有很多合
照，她遞給我看，表示不敢想像自己是第三者。她表示丈夫和自
己在別人眼中是一對模範夫妻，覺得現在令她最激動的是沒有辦
法可以當面問清楚丈夫究竟是怎麼一回事：為什麼有了阿翠又要
和她結婚？他和阿翠又是怎樣開始？指腹為婚嗎？為什麼他要在

香港再婚？他和阿翠有無子女？這些問號，梁太表示已沒可能當面問丈夫答案了；而她亦不想和阿翠有任何聯繫。梁太嘗試叫自己放下，畢竟丈夫已離開了，一切也完結了，不應執著，但她表示就是做不到。

我知道梁太有很多心結。其實由阿翠出現到她回鄉，只是幾天內的事。而梁太亦由當初丈夫剛走時傷心欲絕的情緒，到阿翠出現讓她感到莫名的氣憤，至喪禮完結後充滿很多無奈，整個過程中都包含了很多情緒。

梁太表示，幸好阿翠沒有在靈堂大吵大鬧，亦沒有要求分遺產。她表示如果阿翠不是丈夫的第一任妻子，她可能能和阿翠做朋友，因為她感覺阿翠是一個好人。

相信很多人都曾聽說：「有緣千里來相會，無緣對面不相識。」人與人之間的一份情，一份心，一份真，這一切任何人都需要正面面對。筆者曾看過一篇文章，對其中幾句很有感覺，人與人之間皆是緣分鎖定著的因果，不管是親情、愛情、朋友、鄰居，還是同事，皆是緣分因果的演繹。有緣才有劇情，有緣才有悲歡，是緣分造就生活故事，是生活的故事生出喜怒哀樂！人生在世，隨緣而安。緣來不拒，緣去不哀。

5　好好道別

　　人的一生中，身邊人來來去去，最叫人心痛的，可能是因沒有好好的道別而留下了一些遺憾。那怎樣才算「好好的道別」，畫上圓滿的句號？在筆者過往的工作中，其中有一段時間是為患末期重症病者及其家人疏導情緒，協助他們處理善終事宜。在這段工作的日子，大部分時間也是與生死有關，看見最令病者家人痛心及未能釋懷的，莫過於未有與病者好好道別。看見有些病者家屬，雖知道病者時日無多，但不欲多談其身後事，也不想在病者面前講有關死亡的事，怕擔心影響病者的心情及鬥志，結果當病者進入昏迷狀態時，想好好親口說聲再見、與其傾談葬禮的安排等，卻已經沒有機會了。所以，應把握病者在世的時間，談及葬禮話題，以及與病者好好道別。

　　在筆者處理的個案當中，雖然見到很多病者家人因沒有與病者好好道別而充滿遺憾。但當中有一單個案，令我很是深刻，因為病者及其家人在道別時雖有不捨，但也叫畫上了圓滿的句號，想在此和大家分享一下。

　　李先生是家中的獨子，爸爸因病早逝，和媽媽相依為命。李媽媽含辛茹苦供養兒子大學畢業。大學畢業幾年後，李先生便加入了香港龍頭的會計行，每天工作忙碌，回到家媽媽已睡了，「傾閒偈」的時間也沒有，印象中好像有三年沒有跟媽媽外

出飲茶。之後,雖然賺了錢也買了屋,但李先生表示開始對生活感到迷失。後來,李先生因為想在工作及生活上取得平衡,向社工求助,他表示希望放多點時間陪伴老媽。

在社工一年的跟進後,李先生的生活、工作已有新的定位。他安排了跟媽媽到美加暢遊一個月再回港工作,一切看似有新的一頁。在我準備結束個案時,李先生告知李老太患上末期肝癌,而且已擴散至其他部位,預計只有三至四個月左右的壽命。李先生當下找我傾談的時候哭成淚人,他表示難以接受上天不給予他孝順機會。他表示未能完全消化,他亦深信一定有方法可以醫治媽媽的病。

我探訪了李老太,她的精神還可以。她列了清單,表示想趁身體仍壯健,計劃想和兒子去的地方以及完成其未了的心願,並在離世前完成。我亦有問李老太是否有跟兒子說出她的心願,她表示兒子很「硬頸」,身邊的親戚亦作出勸告,但他只不停找方法想醫治她的病,根本就不想面對她將會離去的事實。李先生不停地找坊間的西醫以及傳聞中的神醫治療李老太,日子一天一天的過去,李老太的病情未見起色,身體亦漸見虛弱。

我再去探訪李老太時,她已經坐在輪椅上,但頭腦及對答均很清醒。她表示真的不想兒子再為她的病「頻撲」,但兒子就是不聽。在一次面談中,我協助雙方各自說出自己

對對方的期望：李先生雖然仍有他的堅持，但看到老媽的身體情況每況愈下，他亦開始放棄再找坊間的另類療法，他表示想與媽媽乘坐飛機，到外地遊玩。但因李老太的身體情況轉差，醫生不建議她乘搭飛機。

李先生安排媽媽入住私家醫院頭等病房以便照顧。李先生每天都會在醫院逗留超過六小時陪伴媽媽，替其按摩，陪伴其看電影。李老太感覺自己時日無多，想與兒子談談自己的身後事安排，但李先生每次也借故避談。

李老太的肺部功能開始衰退，要用呼吸機幫助呼吸，說話也開始不清，李先生很是憂心。李先生在媽媽臨走前兩個星期，差不多 24 小時留在醫院陪伴，他每天也在媽媽的耳邊說話，知道她將會離開，很是不捨。最後，李老太因器官衰竭，安詳地離去了。

李先生在醫院收拾媽媽的遺物時，發現她的手提電話因沒電而關機了。回家充滿電後，他發現了一段 WhatsApp 的錄音訊息，未有寄出給他。「阿仔，我知道你好孝順，你不用擔心媽媽了，放心，媽媽會在另一個地方舒服自在，你要好好照顧自己，找一個好伴侶，他方再見。」他聽後完全崩潰，很是後悔。他後悔在媽媽患病時，沒有好好跟她討論葬禮儀式，沒有跟她說自己會好好生活，不用掛念；他後悔有很多說話留在心底沒有說出來，因為他以為媽媽一定會有迴光返照的時刻，可以給予他一點時間，好好道別。

在面對親人即將離別的時候，選擇什麼時間場合道別才最合適？太早講再見是否會令病者失去鬥志？如果遲了道別，病者已進入昏迷狀態，又是否能聽到？

筆者爸爸患上危疾，臨終前在醫院接受超過四個多月的治療，但他一直是處於清醒的狀態，可以自己進食，只是間中需要用氧氣機協助呼吸。我們每天也會探望他，堅持每天帶湯帶飯給他，盡量給他家的味道、家的感覺，即使懸掛八號風球，一家人也是從不間斷到醫院探望他。雖知道爸爸的病沒法根治，離開也會是遲早的事，只是醫生對我們說，可能因為你們的愛，所以他一直都捨不得離開。因為很難預計爸爸何時會離世，那刻我雖知道應該在他仍清醒時談及其身後事的安排，並要跟爸爸好好道別；但面對著他，我卻偏偏說不出口。

時間一天一天過去，爸爸走前一天，他仍是清醒的。當天我本打算下班後到醫院探望爸爸，但突然發生的事故導致我離不開工作崗位，只好告知醫院的家人，明天再去探望他。那晚，我的心總是有些不安，但又說不出是什麼，家人跟我說爸爸沒什麼胃口，不過仍有進食，叫我不用太擔心。可是，就在第二天早上 8 時左右，我接到醫院來電，表示爸爸快不行了，我愣了半秒，然後立即換衣，通知其他家人趕到醫院。

　　可惜到醫院時，那一刻爸爸剛走了。我輕觸他的身體，仍是暖的。我走近爸爸耳邊低聲說：「爸爸，囡囡豬來了（爸爸一向很喜歡這樣叫我），你放心吧，我會照顧家人，照顧媽媽，我愛你，很愛很愛你……」我泣不成聲，要丈夫攙扶我。那刻我很內疚，我問自己是否錯過了最合適、最佳的道別時機，亦生氣自己昨晚為什麼不堅持探望他……

　　筆者想起曾經看過一套電影 ——《少年 Pi 的奇幻漂流》。片末的其中一幕，主角 Pi 和老虎經過漫長漂流之後，終於漂回陸地。老虎走向草叢，打算回歸大自然。Pi 當時筋疲力竭，但心裏想，這位曾經生死相搏，但最後出生入死的朋友，離開前會否回頭跟他道別？最後，這隻老虎頭也不回地離去，Pi 忍不住流下眼淚。故事結尾，已屆中年的 Pi，在跟人提起這件事時，不禁感嘆，人到中年，身邊的人和事總會在不知哪一天悄然而去，雖然已學懂放低，但最遺憾是往往錯過很多機會，沒有好好的道別。人生無常，對於很多人和事，我們都未必來得及好好道別，圓滿地說一聲再見。我們不會知道也未能預知，那次看他的一眼和他說的那一句話，也許會是腦海中最後一次的回憶。所以，如果能夠好好地道別，是一種緣分，我們要為此好好感恩。

6 遺物的處理及儲存

　　親人過世之後，他的用品卻不會跟著消失，這些遺留下來的用品，就成為了遺物。通常遺物上面都附有在世的人對往生家人的思念，所以處理遺物確實是一件很不容易開始的事。因為遺物不只是物品，還是留下了人一輩子的生活軌跡。

　　如想要整理過世家人的遺物，建議至少在親人過世一段時間後才開始行動。因為喪親的初期，可能會因為情緒不穩定，而做出不理性的決定。筆者曾有個案，因為當事人太過悲傷，一下子把往生親人的所有物品都丟掉，結果待情緒平伏之後，要重新找回重要的東西時，已經來不及了。故處理遺物，至少給自己一段空窗期，等收拾好失落感再進行，畢竟情緒的抒發是需要時間的。一般會建議在親人過世三至六個月左右，進行收拾及處理遺物的工作。三至六個月的時間並非絕對，如果覺得需要更多時間去準備，那就根據自己的步伐去調整，以避免留下遺憾。筆者爸爸離世後，筆者和家人要在一年後才真正動手收拾及處理遺物。因為爸爸走後四個月左右，我們各人都以為自己情緒已準備好收拾遺物，沒想到一打開擺滿遺物的箱子時，就控制不了地痛哭。這些遺物充滿了我們跟爸爸一起時的回憶，湧上思緒時眼淚便開始決堤。所以，最適合整理收拾遺物的時間，因人而異。

如果想要開始動手整理遺物，可以將遺物分三個類別。一是可丟物品；二是可捐贈或再重用的物品；三是擁有回憶、有紀念性的物品。第一、二類相信不用多加解釋。不過第三類的物品，是最難處理的，它們多是照片、飾物、書本、有價值的物品、收藏品等，收拾這類物品時，重點在於「精挑細選」。照片、書信看過之後，可以只留一些最有意義的；幾十年來的相簿、信件、日記簿等等，最後可能只會留下兩三盒而已。而其他紀念品的處理也是以同樣原理進行。整理遺物的過程，其實是充滿意義的，也可再次與所愛的親人道別。過程中收拾悲痛情緒，把思念和回憶收於心裏，好好地生活下去。

2021 年韓劇《Move to Heaven：我是遺物整理師》熱播，遺物整理師這個行業漸漸廣為人知。在親人過世後，無法下定決心將遺物處理掉，就可請整理師到府服務。其實不單外地有遺物整理師的服務，現在香港亦有個別機構的寧養社工提供遺物整理服務，協助家屬渡過難關。

參考資料

Earle, S., Bartholomew, C. & Komaromy, C. (2008). *Making Sense of Death, Dying and Bereavement: An Anthology*. SAGE Publications Ltd.

Humphrey, G. M. & Zimpfer, D. G. (2008). *Counselling for Grief and Bereavement*. SAGE Publications Ltd.

Lau, Y. Y., Tang, Y. M., Chan, I., Ng, A. K. Y. & Leung, A. (2020). The deployment of virtual reality (VR) to promote green burial. *Asia Pacific Journal of Health Management*, 15(2), S53–60.

伍桂麟、鍾一諾、梁梓敦（2019）。《生死教育講呢啲》。明窗出版社。

陳嘉薰（2016）。《最後的房子》。突破出版社。

蘇絢慧（2003）。《請容許我悲傷》。張老師文化。

贐明會（2010）。《哀傷關懷及資訊手冊》。贐明會。

毋忘愛網頁：http://www.forgettheenot.org.hk/。

東華三院萬國‧鑽石山‧寰宇殯儀館網頁：https://funeralservices.tungwahcsd.org/diamond-hill-funeral-parlour。

食物環境衛生署網頁：https://www.fehd.gov.hk/tc_chi/。

聖雅各福群會網頁：https://sjs.org.hk/tc/front/front.php。

策劃編輯　梁偉基

責任編輯　朱卓詠

書籍設計　陳朗思

插圖繪畫　廖鴻雁

書　　名	方生方死：被遺忘的專業
著　　者	梁偉強　劉銳業　馬淑茵
出　　版	三聯書店（香港）有限公司
	香港北角英皇道四九九號北角工業大廈二十樓
香港發行	香港聯合書刊物流有限公司
	香港新界荃灣德士古道二二〇至二四八號十六樓
印　　刷	美雅印刷製本有限公司
	香港九龍觀塘榮業街六號四樓 A 室
版　　次	二〇二三年三月香港第一版第一次印刷
	二〇二四年八月香港第一版第二次印刷
規　　格	大三十二開（142 × 210 mm）三〇四面
國際書號	ISBN 978-962-04-5123-2